AF467719

LES GRANDS TRAVAUX

(Photo communiquée par *l'Illustration*.)

LA STATION DU CHEMIN DE FER NORD-SUD SOUS LA PLACE DES ABBESSES

• BIBLIOTHÈQUE DES MERVEILLES •

LES GRANDS TRAVAUX

PAR L. FOURNIER

AVEC 192 GRAVURES

• LIBRAIRIE HACHETTE •

LES GRANDS TRAVAUX

PRÉFACE

Les *grands travaux exécutés par l'homme ont excité l'admiration : leur conservation à travers les siècles et le témoignage de leur perfection, la signature du génie de leurs auteurs et les chefs-d'œuvre des temps passés brillent encore au temps présent.*

Nous avons aussi des «merveilles» modernes, mais elles n'appartiennent pas encore à l'histoire ; d'ailleurs, elles sont nées d'une autre conception et, pour les exécuter, l'art de l'architecte a fait place à celui de l'ingénieur. Les ingénieurs, aujourd'hui, sont les maîtres du monde : en cinquante ans, ils ont exécuté des ouvrages de plus en plus audacieux, de plus en plus impressionnants, symbolisant le progrès soit par leur ensemble, soit par les moyens mis en œuvre pour les exécuter. Mais nous les connaissons mal, parce que, très différents de l'automobile ou de la T. S. F., ils ne nous intéressent pas directement ; parce que, pour en user, il n'est pas nécessaire de se familiariser avec leur technique.

Cependant leur importance est grande, et ils sont

un des grands facteurs de la civilisation. Aussi la Bibliothèque des Merveilles *a-t-elle tenu à leur consacrer l'un de ses volumes illustrés. Nous l'avons demandé à M. Lucien Fournier, qui l'a écrit avec sa compétence et sa grande clarté de vulgarisateur émérite.*

Ce n'est pas un ouvrage d'ingénieur : aucune connaissance spéciale n'est nécessaire pour le lire et comprendre, car l'auteur a défini tous les termes dont s'accommode le constructeur, en usant largement du croquis dont chaque trait en dit plus à l'esprit qu'une page de description.

Ainsi l'auteur est parvenu à grouper, dans le cadre de la Bibliothèque des Merveilles, *avec clarté et précision, tout ce qu'un homme de notre temps peut et doit connaître des grands travaux modernes.*

A. B.

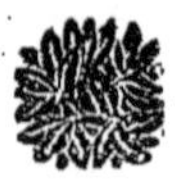

CHAPITRE PREMIER

LES CONSTRUCTIONS ANTIQUES

Les Sept Merveilles du Monde. || Les pyramides et les temples de l'Égypte. || Assyriens, Chaldéens, Grecs, Romains. || Les routes romaines. || Les ponts romains. || Le lac Fucino. || Les anciens ports de la Méditerranée. || Les aqueducs. || Les phares. || Les arènes. || La Grande Muraille de Chine.

LES SEPT MERVEILLES DU MONDE. ∅ ∅ Les historiens grecs et latins avaient condensé l'histoire de la construction en sept monuments qu'ils ont appelés les Sept Merveilles du Monde. C'étaient la *Pyramide de Chéops*, le *Tombeau de Mausole à Halicarnasse*, le *Phare d'Alexandrie*, le *Colosse de Rhodes*, les *Jardins suspendus de Babylone*, la *Statue de Jupiter à Olympie* et le *Temple de Diane à Éphèse*.

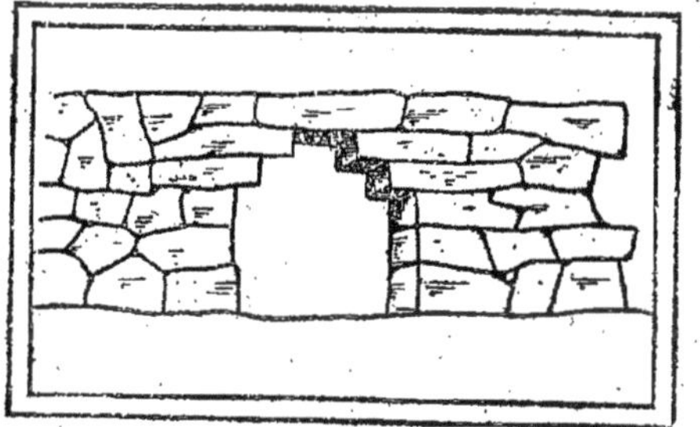

Fig. 1. — *Construction cyclopéenne antique (origine de la voûte).*

Il n'en reste que la Pyramide de Chéops, elle aussi en passe de disparaître. Ses soixante siècles en font le monument le plus ancien du monde. Pendant combien de siècles offrira-t-elle encore aux regards émerveillés la masse de sa structure ? Dix ? Peut-être davantage, bien que son revêtement disparu ne la protège plus des morsures du temps. Mais aucun ingénieur n'oserait lui garantir une durée égale à celle qu'elle accuse actuellement. Dans quarante siècles, elle sera réduite en poussière, elle et tous les fragments de civilisation que nous avons pu sauver des ruines antiques : le temps et les cataclysmes ont raison, en dix mille ans, de toute œuvre humaine.

D'ailleurs, d'autres civilisations ont existé avant celles des Chaldéens, des Égyptiens, des Chinois, des Incas. Un architecte du roi Ausoteren Ier, de la XIIe dynastie, nous a laissé une inscription troublante dans son laconisme : « Je suis, dit-il, l'ingénieur en chef des travaux.... Les couloirs de la chambre intérieure (de la demeure qu'il a construite) sont en maçonnerie et *renouvellent les merveilles de construction des dieux.* » Ne nous laisse-t-il pas clairement entendre par là qu'il existait, bien des siècles avant la XIIe dynastie, des constructions si merveilleuses qu'on ne pouvait les attribuer qu'à des entreprises divines ? Ce bien pauvre témoignage en est l'unique vestige (fig. 1 et 2).

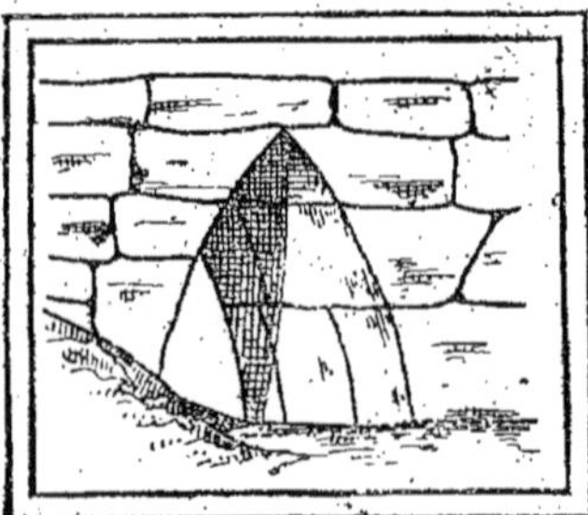

Fig. 2. — *Construction cyclopéenne antique (origine de l'ogive).*

L'art de l'ingénieur seul nous intéresse ici, dans l'histoire des peuples disparus. Il diffère peu d'un peuple à un autre, d'une civilisation à une autre. Mais, désireux de bâtir pour l'éternité, tous ont visé à la durée par la masse. Or la masse c'était le monolithe différemment taillé, sculpté, gravé, pour le transport duquel on construisait des routes, des canaux. Dépourvus de tout appareil de levage, croit-on, les architectes usaient du plan incliné recouvert d'un plancher huilé sur lequel des milliers de travailleurs tiraient, à bras, le traîneau chargé de la statue, de l'obélisque, de la pierre d'entablement. Ils connurent aussi les rouleaux, qu'ils glissaient sous les traîneaux et le levier.

C'est ainsi que furent bâtis les pyramides, les temples, la muraille de Chine, autre merveille plus puissante, comme

(Cl. Bonfils.)

LES PYRAMIDES ET LE SPHINX

(Cl. Bonfils.)

OBÉLISQUE ET RUINES DU TEMPLE DE LOUQSOR

(Cl. Mon. Historiques.)

NIMES : LES ARÈNES

(Cl. Neurdein.)

LE PONT DU GARD

masse, que toutes les autres. Puis les Phéniciens, les Carthaginois, les Romains surtout, étendant les limites du monde antique, interviennent avec un outillage si parfait que, pour les dépasser, il faudra attendre l'avènement du moteur, c'est-à-dire la période actuelle.

Arrêtons-nous quelque peu à ces œuvres magistrales, surtout à celles qui ont laissé sur elles-mêmes des traces écrites de leur histoire.

LES PYRAMIDES ET LES TEMPLES DE L'ÉGYPTE. ⌀ ⌀ Les Pyramides étaient une centaine, élevées entre 29° 30' et 30° de latitude Nord, sur une distance à vol d'oiseau d'à peu près 69 kilomètres. La première de cet alignement, celle de Chéops, est la plus grande ; elle serait également la plus ancienne ; les dimensions des autres vont en diminuant jusqu'à l'extrême-Sud. Près des plus grandes, il existait également de petites pyramides, de 15 à 20 mètres de hauteur seulement.

La grande Pyramide mesurait, en 1799, lors de la campagne d'Égypte, 144 m. 60 de hauteur. En un siècle, elle a perdu 7 mètres. Sa base étant un carré de 233 m. 75 de côté, son volume total a été évalué à 2512000 mètres cubes, dont il reste seulement 2 350 000 par suite de la disparition du parement extérieur.

Le chef-d'œuvre du monument est la grande galerie ménagée en avant du vestibule qui précède l'entrée de la chambre royale. Sa hauteur est de 8 mètres et sa largeur de 2 mètres ; elle est faite de blocs de calcaire de Mohattan polis, posés les uns sur les autres sans ciment. Ces blocs sont ajustés avec une si grande perfection qu'il serait impossible d'introduire un cheveu dans les joints. La chambre du roi et celle de la reine, au-dessus, ont leurs parois en granit. Hérodote a dit que les matériaux ayant servi à la construction de la pyramide furent extraits de la chaîne de Libye ; on établit d'abord une route allant jusqu'au Nil depuis la montagne : elle était faite entièrement de blocs de pierre de taille polis, et on mit dix ans à la construire. Maspéro estime que ce travail fut fort peu inférieur à celui de la grande Pyramide elle-même, élevée en trente ans par cent mille hommes qu'on relayait chaque trois mois.

Mariette regarde la pyramide Sakkarah comme la plus ancienne de toutes, parce que chaque face se présente sous la forme d'escaliers de 2 mètres de retrait et de 10 mètres environ de hauteur ; elle aurait été construite à une époque où le revêtement extérieur n'était pas encore imaginé.

Les Pyramides étaient des tombeaux. On creusait d'abord dans le roc le souterrain appelé à recevoir la dépouille mortelle, puis on élevait au-dessus une petite pyramide. Si l'âge et l'état de santé du monarque, futur possesseur, permettaient de prévoir la construction d'une pyramide plus importante, on enveloppait la première d'une seconde, puis celle-ci d'une troisième, et ainsi de suite, en ménageant au besoin d'autres chambres dans la maçonnerie supérieure. Les constructeurs n'étaient donc arrêtés que par la fin probable de l'occupant.

Non loin des Pyramides, face au désert, se dresse le *Sphinx* dont la tête seule émerge du sable ; il fut taillé dans un rocher à une époque peut-être contemporaine de la grande Pyramide.

Thèbes, la ville aux Cent Portes, apparaît 4 000 ans avant J.-C., sous la XIe dynastie. Là s'entassaient des palais et des temples gigantesques. Le plus important est celui que l'on désigne actuellement sous le nom de *temple de Karnak*. Il reste debout cent trente-quatre colonnes de la grosseur de la colonne Vendôme, ayant jusqu'à 70 pieds de hauteur, couvertes d'hiéroglyphes. Ce temple, bâti par Ramsès Ier, Séthi et Ramsès II, était à lui seul un monde dont les ruines ne peuvent donner qu'une faible idée. Une allée, reliant Karnak à Louqsor, était bordée de mille sphinx sur 2 kilomètres de longueur. A Louqsor s'élevait un autre temple ; il en reste un remarquable portique, en avant duquel se dressaient deux obélisques, dont celui de la place de la Concorde à Paris, qui mesure 23 m. 50 de hauteur et pèse 220 000 kilogrammes.

Ces énormes monolithes étaient d'emploi courant dans la construction égyptienne. Hérodote dit qu'il existait, dans une des localités du Delta, une pierre qui mesurait extérieurement 12 mètres de hauteur, 7 mètres de largeur et 4 mètres de profondeur. Évidé, le bloc pesait encore deux cent mille kilogrammes. 2 000 bateliers avaient mis trois ans pour le transporter à destination. Certains obélisques, d'après Diodore de Sicile, mesuraient 120 coudées (55 mètres) de hauteur. Le plus grand connu est à Karnak ; il a 33 m. 20 de hauteur; ce serait aussi le plus ancien de tous ceux qui restent. C'est encore dans un de ces monolithes que fut taillée la statue de Ramsès II, qui, malgré sa mutilation, mesure encore 11 mètres de hauteur.

C'est en Égypte également que se trouvait le Labyrinthe dont Hérodote nous a laissé une description enthousiaste : douze enceintes contenues dans une muraille extérieure, trois mille salles dont quinze cents souterraines. A côté, le lac Mœris, d'une circonférence égale à la longueur de la côte maritime de l'Égypte, creusé par les hommes, avec au centre deux pyramides de près de 100 mètres de hauteur portant un colosse assis sur un trône.

ASSYRIENS, CHALDÉENS, GRECS, ROMAINS. Polybe nous raconte les splendeurs du palais de Cyrus entièrement recouvert de lames d'or et d'argent avec des tuiles en argent. Le temple de Salomon ne lui cédait en rien en magnificence et en grandeur ; trente mille hommes avaient été employés à couper les bois nécessaires à la construction ; quatre-vingt mille maçons étaient servis par soixante mille auxiliaires leur apportant les matériaux à pied d'œuvre.

De Ninive et de Babylone, il ne reste à peu près rien. Les fameux jardins suspendus, œuvre d'un roi syrien postérieur à Sémiramis, étaient presque entièrement construits en briques, la région étant pauvre en roches. Ils comportaient trois plates-formes superposées soutenues par des piliers de briques reliés à leur sommet par des poutres en pierre de 16 pieds de longueur et de 4 pieds de largeur. Sur ces blocs on avait disposé un parquetage de roseaux enrobés dans l'asphalte, puis une double couche de briques reliées par du plâtre. Enfin une couverture en plomb assurait l'étanchéité de la plate-forme. L'épaisseur de terre supportée était suffisante pour permettre la croissance des plus grands arbres. Voici encore le palais de Korsabad, le Versailles de Ninive, bâti par Sargon vers l'an 700 avant J.-C., flanqué de cent soixante-sept tours de 25 mètres de hauteur et 24 de largeur.

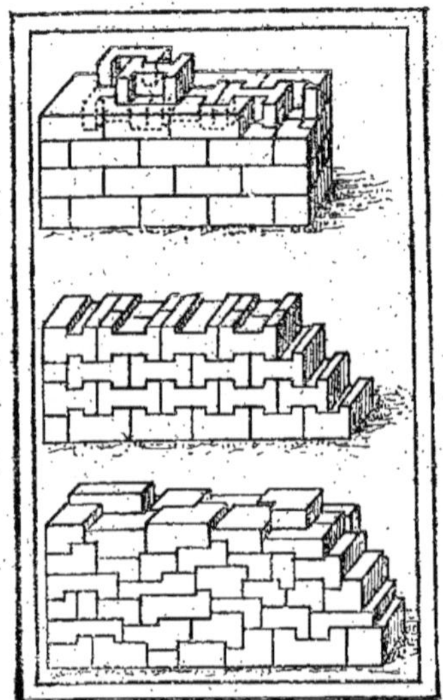

Fig. 3. — *Murs romains de grand appareil. Les pierres sont ajustées et posées sans interposition de ciment.*

Chez les Grecs, le temple d'Éphèse s'élevait non loin de Smyrne et avait demandé, dit-on, deux cent vingt années de travail. Il mesurait 120 mètres de longueur sur 66 de profondeur et comportait cent vingt-sept énormes colonnes surmontées chacune d'une statue. La charpente était en bois d'ébène.

Infiniment mieux outillés, les Romains purent surpasser leurs prédécesseurs ; mais comme eux, ils usèrent du monolithe dans les constructions de grand appareil (fig. 3). Celui du Panthéon pèse 73 tonnes ; les murs de l'ancienne Agrigente renfermaient des blocs de 19 m. 50 de longueur, 3 m. 89 d'épaisseur et 6 m. 49 de hauteur ; ils pesaient plus d'un million de kilogrammes. Deux obélisques de granit, à Rome, ont 3 m. 60 de côté à la base, 2 m. 40 au sommet et 48 m. 25 de hauteur. Leur volume est de 420 mètres cubes, et ils pèsent chacun près de 1 160 000 kilogrammes.

LES CONSTRUCTIONS ANTIQUES

Les Grecs et les Romains se servirent de mortier. Les Romains employaient la chaux grasse obtenue en calcinant dans des fours des débris de marbre ou de calcaire très pur. Cette chaux était mélangée à la pouzzolane du Vésuve (terre volcanique rougeâtre) ou à la brique pilée. Leurs bétons étaient faits de 3 parties de cailloux ou de débris de briques et 2 de mortier contenant 2 parties de chaux et 5 de sable ; ils exécutaient en béton, les radiers, les voûtes et même des réservoirs entiers.

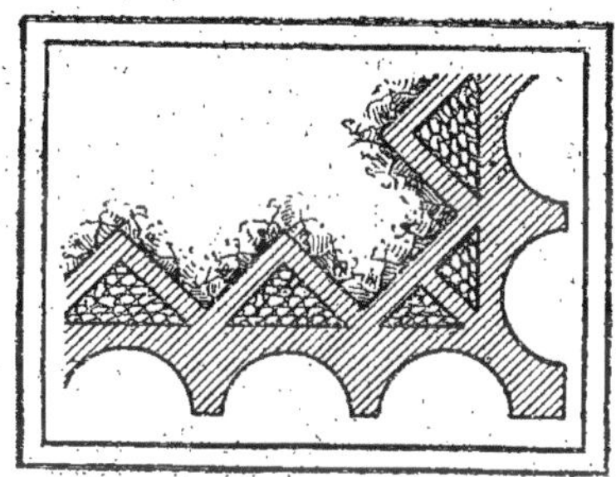

Fig. 4. — *Vue en plan d'un mur d'enceinte romaine avec contreforts semi-circulaires extérieurs et dents de scie intérieures.*

LES ROUTES ROMAINES. ø ø Les Romains, les plus grands constructeurs des temps anciens, empruntèrent aux Carthaginois l'idée des chaussées pavées. La voie Appienne, au sud de la péninsule, fut la première ; un peu plus tard, la voie Aurélienne, construite jusqu'à Arles, fut prolongée jusqu'en Espagne sous le nom de voie Domitienne. Le grand réseau des provinces date de l'Empire ; il embrassa la Gaule, la Grande-Bretagne, l'Espagne, l'Égypte, l'Asie Mineure, se développant sur 79469 kilomètres, dont 22000 kilomètres pour la Gaule seulement.

La largeur de ces routes variait de 4 m. 13 à 4 m. 70, avec en plus, de chaque côté, un trottoir dont la largeur, de 0 m. 50 au minimum, était quelquefois égale à la moitié de celle de la chaussée. Aux abords de la capitale, les voies avaient jusqu'à 20 mètres de largeur et les trottoirs, maçonnés comme les chaussées, ou au moins dallés, s'élevaient à 20 ou 30 centimètres au-dessus. Chaque 18 mètres, on trouvait des montoirs, sortes d'escaliers pour monter à cheval ou en voiture et, chaque 1 481 m. 50, des bornes indiquant la distance à la ville voisine.

Pour construire une route, on creusait le sol jusqu'au terrain solide ; la fouille était ensuite nivelée, pilonnée ou cylindrée ; parfois même on y battait des pieux. Puis on répandait une couche de sable ou de mortier sur 10 à 15 centimètres d'épaisseur, que l'on pilonnait ferme, et, sur cette base, on élevait deux, trois ou quatre couches de maçonnerie : 1° une ou deux assises de pierres plates liées par un ciment ou par de l'argile ; 2° une couche de béton et cailloux ou briques de 25 centimètres d'épaisseur ; 3° de 30 à 50 centimètres d'un béton de gravier cylindré par petites couches successives ; 4° enfin une couverture de 0 m. 20 à 0 m. 30 constituée avec divers matériaux, selon les ressources du pays, pour former un empierrement très dur et très résistant (fig. 5).

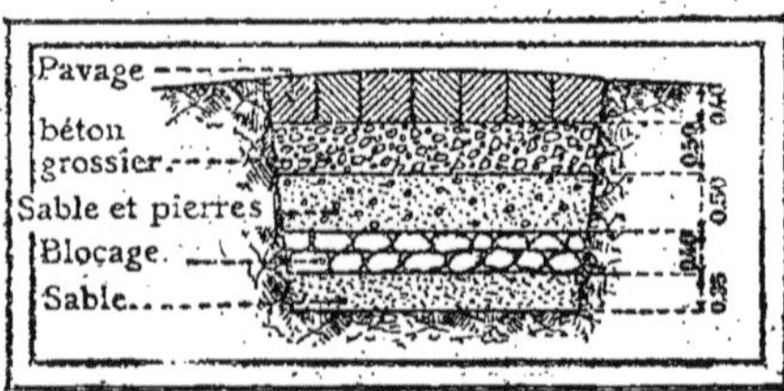

Fig. 5. — *Vue en coupe montrant la construction d'une voie romaine.*

Les plus belles routes étaient pavées sur toute leur longueur. Aux environs de Rome, la voie Appienne était couverte en marbre : ailleurs, les pavés en silex avaient leur face supérieure soigneusement dressée et les joints taillés avec une précision extrême. Autant que possible, on établissait la plate-forme en relief et on l'asséchait par des fossés latéraux éloignés de 2 mètres à 2 m. 50. On a trouvé des remblais de 3, 4, 6 mètres de hauteur sur des longueurs de 28 kilomètres. Les vallons étroits étaient franchis par des viaducs, et de nombreuses tranchées furent ouvertes en plein roc. Celle de la voie Appienne, à la sortie de Terracine, a 4 m. 44 de largeur, 30 mètres de longueur et 35 m. 55 de profondeur maximum. Le plus grand tunnel est situé entre Pouzzoles et Naples ; il mesure

707 m. 50 de longueur, 6 mètres de largeur et 16 mètres de hauteur.

LES PONTS ROMAINS. ∅ ∅ Certains ponts furent entièrement construits en bois ; d'autres, en bois également, reposaient sur des piles de maçonnerie (pont de Trajan, sur le Danube, non loin des Portes de Fer, de 1 481 mètres de longueur). Ce furent là des exceptions. Les Romains adoptèrent, en effet, à peu près partout, la maçonnerie et la voûte. Bien peu de ces ouvrages ont survécu parce que leurs auteurs ont paru ignorer le phénomène de l'affouil-

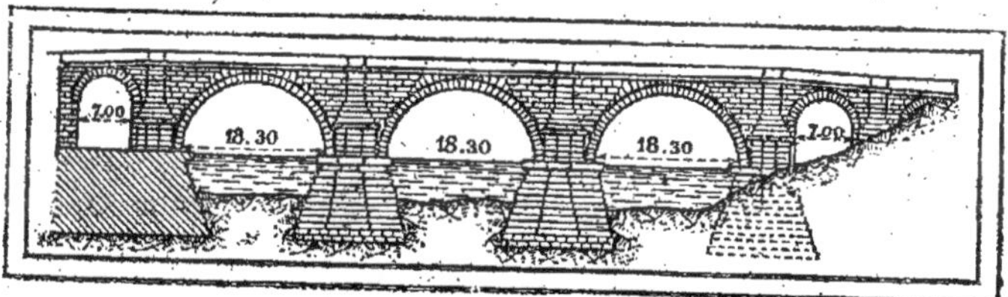

Fig. 6. — *Le pont Ælius (pont Saint-Ange actuel).*

lement, c'est-à-dire l'action des courants sous la base des piles. Comme ils éprouvaient de grandes difficultés pour atteindre des fonds résistants (souvent ils déviaient les cours d'eau), ils se contentaient généralement d'accumuler les matériaux de base sur de vastes surfaces ; mais les eaux ne tardaient pas à en avoir raison. Des neuf ponts de Rome, il ne reste que le pont Ælius (pont Saint-Ange actuel) (fig. 6) dont les piles furent descendues à plus de 5 mètres sous le lit du fleuve.

Les piliers étaient toujours construits en grosses pierres de taille, et les cintres utilisés pour la maçonnerie des arches prenaient appui sur des *corbeaux* (pièces de bois en saillie) ou sur des voussoirs saillants (pierres de taille) (fig. 7). Quelquefois de grosses poutres en bois portant le cintre étaient jetées d'une pile à l'autre. On construisait d'abord la voûte sur une largeur de 1 m. 50, puis on poussait le cintre sous l'emplacement du second élément de voûte pour le maçonner à son tour, et ainsi des autres.

Les parapets étaient de plus grande hauteur que de nos jours. Au droit des piles, les dés (monolithes) supportaient des colonnes ou des statues ; les entrées étaient fréquemment garnies de portiques.

En Italie, le viaduc de Narni, sur la route de Rome à Terni, attribué à Auguste, avait 191 mètres de longueur ; il était porté à 44 m. 50 de hauteur par quatre arches de longueur variable. A Rimini, sur le passage de la voie Flaminienne, fut construite une œuvre admirable de 68 mètres de longueur et 10 m. 50 de largeur, dont les tympans (au-dessus des piles) étaient ornés de niches surmontées de frontons saillants et garnies de statues ; le parapet était en marbre.

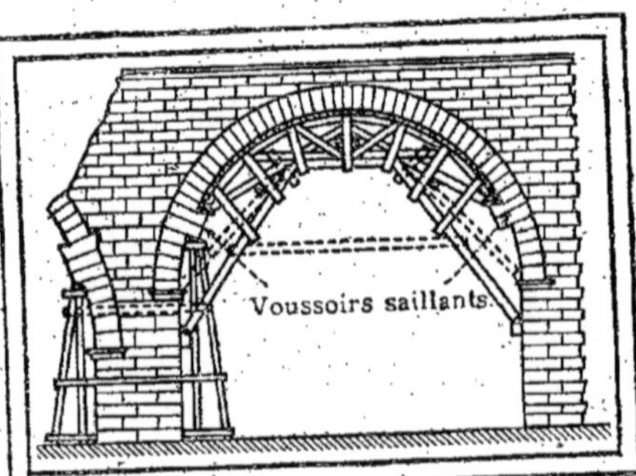

Fig. 7. — *Figure montrant comment les Romains montaient le cintre pour la construction d'une voûte en s'appuyant sur des voussoirs saillants (méthode utilisée au pont du Gard).*

Dans la Gaule subsiste encore le pont d'Argens, dit pont Aurélien ; il mesure 17 mètres de longueur. Le pont Flavien, sur la Touloubre, avait 22 m. 70 ; le pont d'Arles, 286 mètres. Sur la Moselle, le pont de Trèves, en basalte, mesurait 230 mètres de longueur et 8 mètres de largeur.

Les plus beaux et les plus nombreux ponts antiques qui restent sont en Espagne. On attribue à Annibal la construction du pont de Martorell, au milieu duquel se dresse un portique et à l'entrée un arc de triomphe ; les arches ogivales sont de réfection arabe. Il existe à Ronda un pont de 100 mètres de hauteur et 70 mètres de longueur en une seule arche. A Cordoue, le pont attribué à Octave-Auguste est à seize arches. Celui de Mérida a 780 mètres de longueur et 10 mètres de hauteur ; il comporte soixante-six arches.

Celui d'Alcantara est l'un des plus remarquables. Il fut édifié en six ans par Trajan. De ses six arches, les deux médianes ont 30 mètres et sont portées par des piles de 10 mètres de face ; les arches latérales ont 18 mètres. La longueur totale du pont est de 188 mètres ; il fut construit avec de grands blocs de pierre sans ciment, à joints précis, reliés par des crampons de fer soudés au plomb. Sa hauteur est de 48 mètres. Au milieu s'élève un arc de 13 mètres de hauteur et 3 mètres d'épaisseur.

Le pont de Salamanque est le plus important de tous les ouvrages (après l'aqueduc de Ségovie) ; il a 735 mètres de longueur sur vingt-sept arches portées par des piles de 6 m.48 d'épaisseur.

En Afrique, le pont de Constantine, jeté sur le Rummel, de 104 mètres de hauteur, était à deux étages d'arches.

LE LAC FUCINO. ⌀ ⌀ L'activité des Romains s'est exercée dans tous les domaines ; il n'est rien de ce qui pouvait assurer leur sécurité ou leur prospérité qu'ils aient négligé.

Un travail d'assèchement qui fut peut-être l'œuvre la plus considérable qu'ils aient entreprise est celui du lac Fucino, qu'ils désiraient livrer à l'agriculture. Ce lac était un bassin sans écoulement de la chaîne des Apennins. Claude entreprit la construction d'un émissaire de 6 kilomètres de lon-

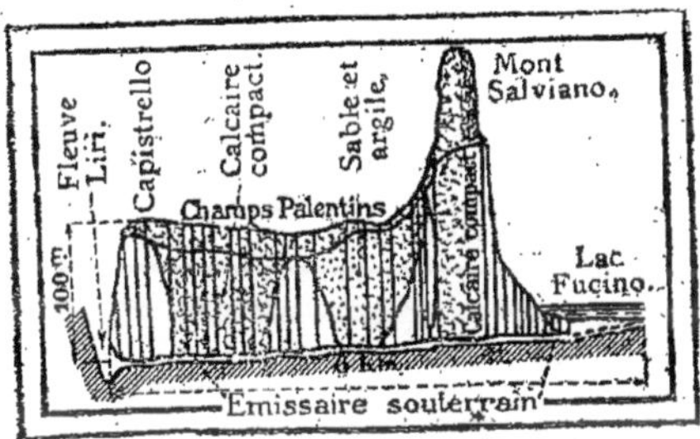

Fig. 8. — *Émissaire de desséchement du lac Fucino. Les lignes verticales indiquent l'emplacement des puits d'attaque.*

gueur, à une profondeur de 100 mètres sous le massif montagneux séparant le lac de la vallée du Liri (fig. 8) ; trente mille hommes travaillèrent à ce souterrain, qui fut attaqué sur toute sa longueur à la fois par trente-deux puits de 100 mètres de profondeur. L'ouvrage fut terminé dans de bonnes conditions, mais, un an après sa mise en service, un effondrement l'anéantit. Ajoutons qu'un nouvel émissaire fut construit de 1854 à 1876, livrant à l'agriculture une superficie de 15 000 hectares. Un tremblement de terre le détruisit en 1915 ; les travaux provisoires de reconstruction sont en cours.

LES ANCIENS PORTS DE LA MÉDITERRANÉE. Les ports de mer sont d'origine phénicienne. Tyr possédait deux ports artificiels communiquant entre eux par un canal intérieur. Celui du Sud était fermé par un môle de 2 à 3 kilomètres de longueur. Carthage, fondée au commencement du IXe siècle avant J.-C., possédait un port dont l'entrée était constituée par deux môles convergents terminés par deux tours ; il comportait deux bassins, dont l'un, circulaire, était le port militaire qui communiquait avec le port marchand, rectangulaire. L'ensemble devait avoir environ 800 mètres de longueur sur 325 mètres de largeur et couvrir 26 hectares.

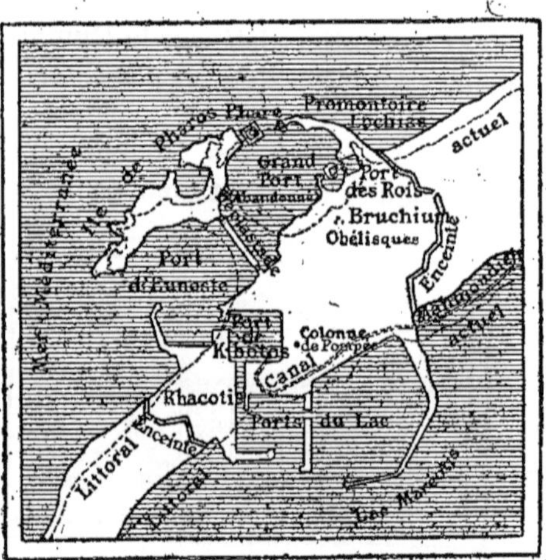

Fig. 9. — *Plan du port d'Alexandrie.*

Athènes possédait deux ports ; Corinthe deux également, l'un sur le golfe de Salonique, l'autre sur le golfe de Corinthe. Puis c'étaient les ports d'Ephèse, cité sans égale par sa magnificence ; de Phocée, de Smyrne et, dans les îles : Lesbos, Chios, Samos, Crète, Rhodes, Chypre. Le Pirée a été le port le plus important de la Grèce ancienne. Alexandrie, fondée par Alexandre le Grand en 331 avant J.-C., eut l'un des plus beaux ports de l'antiquité (fig. 9) ; il était abrité par l'île Pharos, à un millier de mètres de la côte, que Ptolémée fit relier au continent par un pont en môle ouvert offrant deux larges passages aux navires.

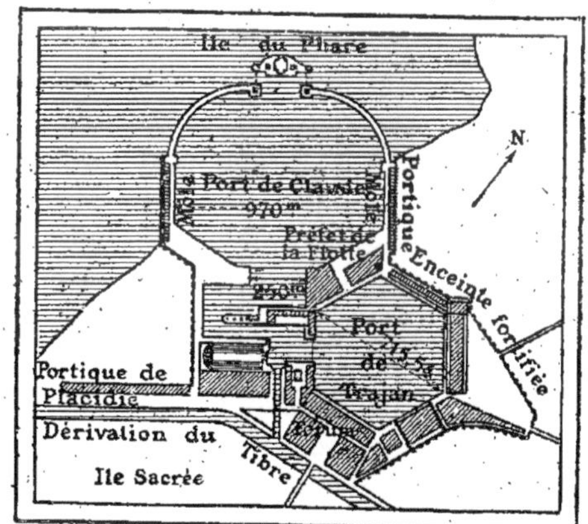

Fig. 10. — *Plan du port d'Ostie.*

Les Romains ne commencèrent à construire des ports qu'au moment de l'élargissement de l'Empire. Vers 630, Ancus Martius fonda le port de Rome, à Ostie, à l'embouchure du Tibre. Mais les dépôts du fleuve le rendirent bientôt inabordable ; Claude fit construire deux jetées courbes, laissant une passe de 180 mètres de largeur protégée par un brise-lames à 65 mètres en avant. Le bassin ainsi délimité avait 970 mètres de largeur et 760 mètres de profondeur. Les jetées, de 48 mètres de largeur, portaient les magasins. Pour construire les fondations du brise-lames, on n'hésita pas à utiliser comme caisson le navire construit par Caligula pour rapporter d'Égypte l'obélisque et les quatre blocs d'angle du cirque du Vatican. Puis le môle avait été surmonté d'un phare gigantesque. Au fond du bassin, un chenal, dont la largeur s'abaissait de 250 mètres à 66 mètres, rencontrait un canal qui mettait le port en communication avec le Tibre (fig. 10).

En l'an 104, Trajan fit creuser dans les terres un bassin hexagonal dont le grand diamètre était de 715 m. 54 et les côtés de 357 m. 77. Sa surface était de 32 ha. 19 a. Le chenal, disposé en bassin, avait, de son côté, 10 hectares de superficie ; de sorte que la surface d'eau totale du port atteignait 111 hectares. 6000 mètres de quai laissaient une surface de débarquement de 10 ha. 71. Des portiques, en belles arcades doriques, bordaient les môles et les quais ; celui de Placidée, sur le bord du canal de dérivation du Tibre, se développait sur 537 mètres de longueur.

Fréjus fut le grand port militaire romain du côté des Gaules. Construit par Jules César comme port de commerce, puis abandonné, on établit le port militaire en avant. Marseille enfin figure au nombre des grands ports de l'antiquité.

LES AQUEDUCS. ❧ ❧ C'est encore aux civilisations les plus anciennes qu'il faut remonter pour trouver l'origine des aqueducs dont on a trouvé des traces partout. Tyr possédait trois célèbres aqueducs jetés au-dessus de la mer pour amener à la ville les eaux des sources du rivage. L'aqueduc de Carthage est le seul monument qui ait partiellement survécu à la destruction de la cité. Il avait 125 kilomètres de longueur ; les arcades étaient souvent à deux étages élevés jusqu'à 33 mètres, et les eaux se rendaient dans des citernes voûtées de grande capacité.

Les Grecs eurent, eux aussi, de très beaux aqueducs. Hérodote raconte qu'on voyait, dans l'île de Samos, les ruines d'un aqueduc construit par Eupalinos de Megare ; il avait 7 stades (1 295 mètres) de longueur, 8 pieds grecs (2 m. 464) de hauteur et autant de largeur. Il passait sous une montagne de 150 brasses (277 m. 50) de hauteur qui portait l'Acropole. La ruine de l'aqueduc de Patara, en Lycie, était des plus intéressante. On y voyait un siphon en pierres de taille supporté par une maçonnerie cyclopéenne qui remontait certainement à une époque extrêmement reculée.

LES CONSTRUCTIONS ANTIQUES

Nulle part peut-être les Romains ne se sont montrés aussi grands que dans la construction de leurs aqueducs. Le premier, l'aqueduc Agrippa, établi en l'an 313 avant J.-C., amenait à Rome l'eau des sources d'une colline située à 11 kilomètres. D'autres suivirent ; le plus important se développait sur 80 kilomètres, dont 9 sur arcades ; ses eaux arrivaient à Rome à 47 m. 72 de hauteur. Toutes les canalisations aboutissant à la Ville Éternelle y déversaient près de 800 000 mètres cubes d'eau.

Très exigeants au point de vue de la qualité des eaux, les Romains entouraient leurs sources de murs épais, qu'ils recouvraient d'une voûte et qu'ils doublaient parfois d'un bassin de décantation (fig. 11). Les canalisations étaient également couvertes. Ils construisaient le radier en béton, les piédroits et les voûtes en maçonnerie de moellons, le tout revêtu intérieurement d'un enduit de ciment. Le nettoyage s'effectuait par des regards ménagés dans les voûtes à 60 ou 80 mètres les uns des autres.

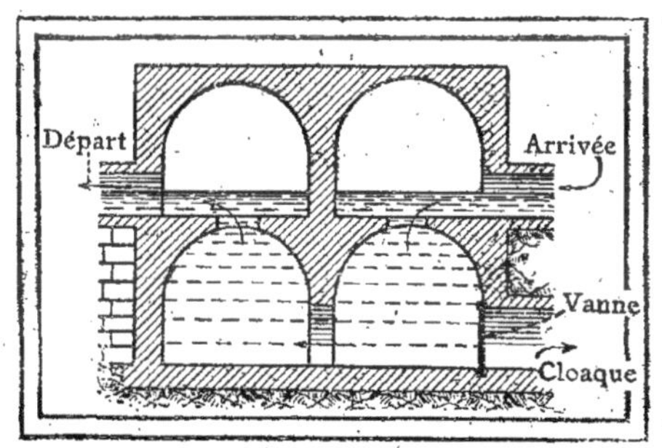

Fig. 11. — *Réservoirs d'épuration de l'eau chez les Romains. Les flèches indiquent le chemin parcouru par l'eau dans les réservoirs : elle se décante dans les bassins inférieurs, et les boues sont chassées à l'égout par l'ouverture de la vanne.*

A peu près partout les aqueducs présentaient des traversées souterraines. Près de Tivoli, aux environs de Rome, le tunnel fut percé dans le roc sur 1 500 mètres de longueur, 1 m. 25 de largeur et 1 m. 60 de hauteur. Dans la terre, les tunnels étaient maçonnés sur 50 ou 80 centimètres d'épaisseur. L'aqueduc d'Antibes mesure 4 940 mètres de longueur souterraine, et les regards ont jusqu'à 18 mètres de profondeur.

Quand les vallées étaient trop profondes, on les franchissait avec des siphons. L'un des plus curieux est celui du mont Pilat, qui traversait la vallée du Garon, près de Lyon, sur une ligne d'arcades de 16 mètres de hauteur (fig. 12). La conduite d'arrivée débouchait dans une chambre de distribution de 4 m. 50 sur 1 m. 80 et 2 m. 05 de hauteur, pourvue de vannes à coulisses pour régler l'écoulement des eaux. Neuf tuyaux en plomb prenaient naissance dans cette chambre ; ils avaient 0 m. 22 de diamètre intérieur, des-

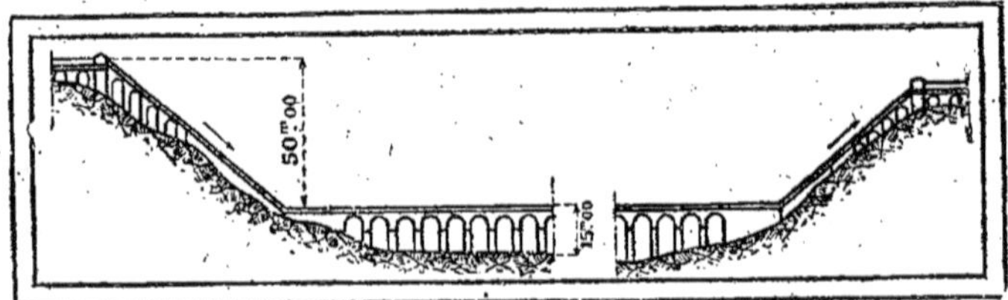

Fig. 12. — *Un pont-siphon romain près de Lyon.*

cendaient et remontaient les flancs de la vallée sur des constructions inclinées à 45°. A mi-hauteur, chaque tuyau se séparait en deux pour effectuer la traversée de la partie basse et éviter les trop grandes pressions. Sur l'autre versant, les tuyaux déversaient leur eau dans une chambre semblable à la première, à laquelle faisait suite une galerie ordinaire.

C'est en Afrique que les Romains ont construit les plus grands réservoirs d'alimentation des villes. Constantine possédait trente-deux citernes qui distribuaient l'eau par des orifices calibrés dans des bâches à niveau constant, et les branchements particuliers étaient pris sur les conduites principales.

Dans les Gaules, le plus important aqueduc fut celui de Nîmes, d'une longueur totale de 49 750 mètres ; sa différence de niveau, d'une extrémité à l'autre, était de 17 mètres, et il amenait les eaux à 15 mètres au-dessus de la ville.

L'œuvre capitale de cet aqueduc est le pont du Gard, qui existe encore tout entier. Il comporte trois étages superposés : le premier est à 12 m. 87 au-dessus du niveau de la rivière ; sa largeur est de 6 m. 36 ; le deuxième à 19 m. 50 au-dessus du premier ; sa largeur est de 4 m. 36 ; le troisième à 7 m. 40 de hauteur au-dessus du deuxième ; il a 3 m. 06 de largeur. Les longueurs respectives de chacun des trois étages sont 142 m. 35, 214 m. 45 et 273 mètres. L'arche centrale de l'étage inférieur qui livre passage aux eaux du Gardon a 24 m. 72 d'ouverture; les arches du troisième étage, au nombre de trente-cinq, ont 4 m. 80 seulement. Ces voûtes portent des voussoirs saillants qui ont supporté les cintres pendant l'exécution des travaux. L'épaisseur maximum des voûtes est de 1 m. 60 ; celles du troisième étage ont 0 m. 60 seulement.

La cuvette mesure 1 m. 20 de largeur et 1 m. 66 de profondeur ; l'épaisseur des piédroits est de 0 m. 86 et les dalles de couverture de la cuvette ont jusqu'à 3 m. 64 de longueur.

Le pont présente une légère courbure, que l'on considère comme inutile et qui devient inexplicable. Il se dresse, majestueux, à travers la vallée du Gardon, comme un arc de triomphe élevé en l'honneur du génie humain.

Lyon, qui fut avec Narbonne la ville la plus peuplée des Gaules, eut quatre aqueducs : le plus important était celui du mont Pilat à Fourvières, de 52 kilomètres, qui comportait dix-sept ouvrages d'art, dont le siphon dont nous avons parlé. L'aqueduc de Metz, de 22 kilomètres de longueur, traversait la Moselle sur l'un des plus grands ouvrages de ce genre exécutés par les Romains. Il mesurait 1 120 mètres de longueur et était porté par cent quatorze arches à 33 mètres au-dessus de l'étiage.

Lutèce était alimentée par trois aqueducs : celui d'Auteuil, construit par Constance Chlore, de l'an 292 à l'an 306 ; celui d'Arcueil, que l'on attribue à Julien l'Apostat, ainsi que les conduites de Chaillot.

Toutes les villes de la Gaule furent d'ailleurs abondamment pourvues d'eau par les Romains : Fréjus, Arles, Marseille, Vienne, Autun, Besançon, Lillebonne, Le Mans, Évreux, Bayeux, Lisieux, Tours, Luynes, Poitiers, Saintes, Rodez, Cahors, Périgueux, Toulouse, Bordeaux, etc., bénéficièrent de cette activité presque inconcevable.

En Espagne, on retrouve des traces d'aqueducs aussi nombreuses qu'en Gaule. Ségovie, qui fut une très grande cité romaine, eut un aqueduc qui fonctionne encore et qui peut être considéré comme une véritable merveille. Construit en l'an 109 après J.-C., sous Trajan, sa longueur est de 17 kilomètres, dont 772 mètres en un massif de maçonnerie et 818 mètres en un pont de cent dix-neuf arcades en deux étages. L'étage inférieur a 276 mètres de longueur et sa hauteur varie de 7 mètres à 28 m. 50 ; il est construit en pierres de grand appareil à joints précis, sans ciment.

Ceux de Tarragone, de Séville, de Mérida, sont également de très beaux ouvrages.

Tenès, Orléansville, Alger, Aumale, Philippeville, Constantine, en Afrique, Beyrouth, Bezana, la Corse et la Sardaigne avaient été aussi largement approvisionnées en eau que toutes les autres villes de l'Empire.

Des égouts romains, construits à Rome en vue de l'assainissement de la ville, il ne reste que le grand collecteur, qui mesure 5 mètres de largeur et 8 m. 20 de hauteur entre le radier et la clé. La voûte a 1 m. 80 d'épaisseur. Ici encore toute la maçonnerie fut faite en gros blocs de pierre ayant jusqu'à 1 m. 75 de hauteur, sans ciment. Construit en l'an 514 avant J.-C., il avait 738 mètres de longueur.

LES PHARES. ⌀ ⌀ Un mot encore sur les phares (fig. 13) dont le plus grand, celui d'Alexandrie, fut l'une des merveilles du vieux monde. Construit sous le règne de Ptolémée Soter, il présentait une solidité remarquable. Les pierres, très dures, étaient assises sur des feuilles de plomb et liées par des goujons scellés au plomb. Au dire de l'Arabe Edria, qui le vit au XIIe siècle, sa hauteur était de 160 à 170 m. et sa portée de 150 kilomètres (chiffre très exagéré). De forme carrée, ses côtés étaient verticaux jusqu'à

ROME. — LE COLISÉE

(Cl. Lévy.)

AQUEDUC DE SÉGOVIE

GRANDE MURAILLE DE CHINE

100 mètres de hauteur. Au-dessus se superposaient sept étages voûtés, en retraits successifs, avec des galeries de pourtour. Il fut renversé le 8 août 1303 par un tremblement de terre.

C'est encore un même cataclysme qui abattit le Colosse de Rhodes, de 33 mètres de hauteur, représentant Apollon. Il avait été élevé à l'entrée du port pour servir de phare, en l'an 288 avant J.-C., et fut détruit cinquante six ans plus tard.

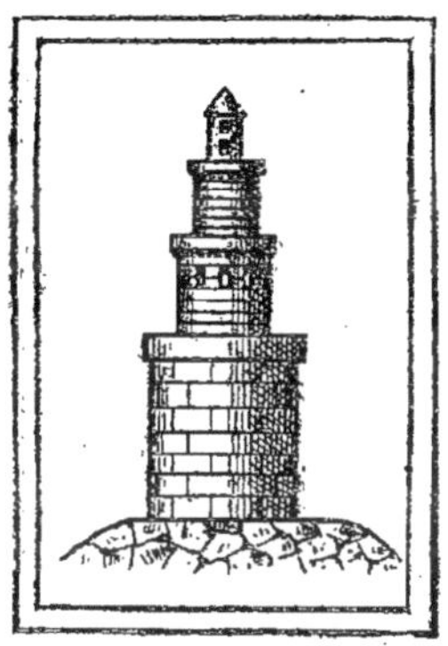

Fig. 13. — *Phare romain d'après un médaillon antique.*

A Ostie, le phare fut construit sur le modèle de celui d'Alexandrie ; il avait 60 mètres de côté à la base et sept étages. Celui de Boulogne fut le plus important de tous ceux que les Romains élevèrent sur nos côtes : c'était une tour faite d'une série de pyramides tronquées superposées ; celle de la base avait 20 mètres de diamètre et, à chacun des douze étages, une corniche saillante élargissait les galeries.

LES ARÈNES. ⌀ ⌀ Pouvons-nous passer sous silence ces amphithéâtres dont les arènes de Nîmes, le Colisée, surtout, nous offrent encore une vision grandiose ? Le grand cirque de Rome avait 682 mètres de longueur et 130 de largeur. Des galeries superposées en trois étages l'entouraient; elles étaient pourvues de gradins en pierre à l'étage inférieur et en bois aux deux autres. Trois cent mille spectateurs pouvaient s'y rassembler.

LA GRANDE MURAILLE DE CHINE. ⌀ ⌀ Il existe encore une nation dont on oublie trop facilement de rappeler les merveilles : c'est la Chine à la vieille civilisation, et qui possède des monuments auprès desquels pâlissent la plupart de ceux dont nous venons de parler. Malheureusement, ils sont très peu connus et nous ne pouvons guère que citer, à côté de la Grande Muraille, le Grand Canal, la jetée de la baie de Hankow, les ponts de Foutchéou et de Lao Yang.

La Grande Muraille aurait été construite cinq siècles avant l'ère chrétienne. Personne n'a jamais suivi son tracé sur toute son étendue ; on l'estime à 6 000 kilomètres. Sa hauteur varie de 7 à 18 mètres, sa largeur de base de 5 à 8 m. 50 et celle du sommet de 4 à 6 mètres. Les constructeurs utilisèrent les matériaux qu'ils trouvaient sur place : ce sont, tantôt de gros moellons bien cimentés, tantôt des briques reposant sur des fondations en blocs de grès, tantôt des blocs de granit et même de la terre fortement tassée. Chaque 100 ou 200 mètres, des escaliers, ménagés du côté chinois, permettent l'accès au chemin de ronde. Des tours couronnent la muraille à des distances à peu près égales ; elles ont 13 mètres de hauteur et plus.

M. Alfred Léger, dans son ouvrage sur les *Travaux publics chez les Romains*, signale les deux ponts chinois que nous venons de citer comme étant des ouvrages uniques. Celui de Foutchéou aurait 7 935 mètres de longueur, 49 mètres de hauteur et 19 m. 50 de largeur de chaussée ; il comporte cent arches en plein-cintre de 39 mètres d'ouverture en grandes pierres de taille portées par des piliers de 35 mètres d'épaisseur. Celui de Lao Yang a 8 800 mètres sur trois cents arches de 24 à 36 mètres d'ouverture portées par des piles de 4 m. 87 d'épaisseur.

CHAPITRE II

LES PONTS

Ponts en maçonnerie. || *Ponts métalliques, généralités.* || *Ponts à poutres droites.* || *Ponts cantilever.* || *Ponts en arc.* || *Ouvrages mixtes.* || *Ponts suspendus.* || *Ponts transbordeurs.* || *Ponts tournants.* || *Ponts à bascule.* || *Ponts en béton de ciment armé.* || *Un pont en béton de ciment non armé.*

Les ponts sont construits en *maçonnerie*, en *métal* ou en *ciment.*

PONTS EN MAÇONNERIE. ⌀ ⌀ Aucune limite ne peut être imposée à la longueur des ponts en pierres, car il est toujours possible d'ajouter des arches les unes à la suite des autres. Par contre, on est arrêté par la portée des arches individuelles. Un pont supporte, en effet, deux sortes d'efforts principaux : ceux dus à la *charge permanente* représentée par le poids du pont lui-même et ceux dus aux *charges mobiles* ou *roulantes*, comme les piétons, les véhicules, les trains. Les premiers sont toujours très supérieurs aux seconds.

C'est pourquoi, dans les ponts en pierres, on ne peut augmenter la portée des arches qu'en augmentant le cube de la maçonnerie, dont le poids deviendrait tel que l'ouvrage ne pourrait plus le supporter. Pour pallier à cet inconvénient, on a remplacé les voûtes d'une seule pièce par deux ou plusieurs arcs parallèles sur lesquels on pose une dalle, généralement en béton armé, qui remplit les fonctions de tablier. On a pu exécuter ainsi des ouvrages plus dégagés et plus élégants, tout en réalisant une notable économie de maçonnerie. A cette catégorie appartiennent le pont Adolphe, à Luxembourg, terminé en 1903, dont la voûte principale a une portée de 86 m. 65, et toute une série de nouveaux ponts que le gouvernement marocain fait exécuter actuellement.

PONTS MÉTALLIQUES. GÉNÉRALITÉS. ⌀ ⌀ Le pont moderne est le pont métallique, qui repose sur des *culées* de rive et des *piles* en maçonnerie. Il comporte des *fermes* ou *poutres principales*, généralement au nombre de deux, chargées de transmettre aux appuis les efforts produits par la charge permanente et les charges mobiles. Entre ces fermes s'étend le *tablier*, constitué par des *pièces de pont* parallèles aux fermes et par des *longerons*, perpendiculaires à ces pièces. Le tablier porte la *couverture*, qui est une chaussée en macadam, pavée ou dallée de béton armé. Dans les ponts de chemins de fer, la couverture a été faite pendant longtemps d'un plancher recouvert de ballast ; actuellement elle est généralement constituée par des tôles lisses ou striées et s'appelle le *platelage*. Enfin le pont comporte le *contreventement*, formé d'un ensemble de pièces qui relient entre elles les fermes assurant la rigidité transversale de l'ouvrage et sa résistance au vent, qui exerce une pression considérable.

Les ponts métalliques appartiennent à l'une ou à l'autre des deux grandes classes suivantes :

1° *Ceux à fermes principales rigides ;*

2° *Ceux à fermes principales souples.*

Les premiers sont constitués par des charpentes composées d'éléments rigides et indéformables, susceptibles de supporter indifféremment des efforts de tension ou de compression et de résister à des efforts latéraux d'une certaine importance. Dans les fermes souples, les éléments principaux sont composés de chaînes ou de câbles capables de résister à d'autres efforts que des efforts de tension. A la première catégorie appartiennent les *ponts à poutres*, qui appuient verticalement sur les piles et les culées, et les ponts à *arcs*, dans lesquels les réactions d'appui sont inclinées. Les *ponts suspendus* sont de la deuxième catégorie.

PONTS A POUTRES DROITES. Les ponts à poutres droites se rattachent à l'un des types représentés par les six croquis qui accompagnent ce texte. En Europe, on emploie surtout une poutre du type Pratt (fig. 14), avec contre-tirants dans tous les panneaux, et,

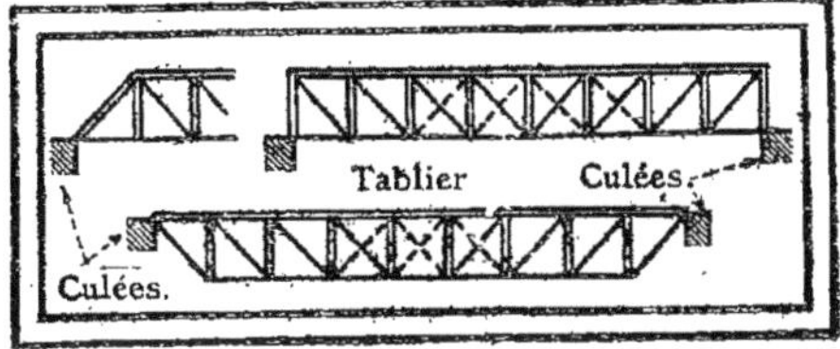

Fig. 14. — *Poutre Pratt.*

pour les ouvrages importants, une poutre composée dérivée du type Warren (fig. 15), dite poutre à treillis.

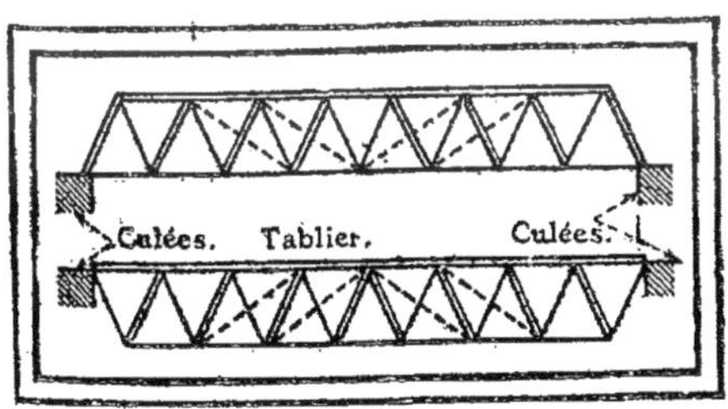

Fig. 15. — *Poutre Warren.*

Les premiers grands ponts métalliques construits en Europe avaient leurs poutres à âmes pleines. L'ancêtre est le pont Britannia, construit par Brunel en 1850 sur le détroit de Menai, qui sépare l'île d'Anglesey de l'Angleterre. Ses fermes principales à âmes pleines et les contreventements supérieur et inférieur formés de plaques de tôle donnent à ce pont l'aspect d'un énorme tube de fer à section quadrangulaire. Cet ouvrage,

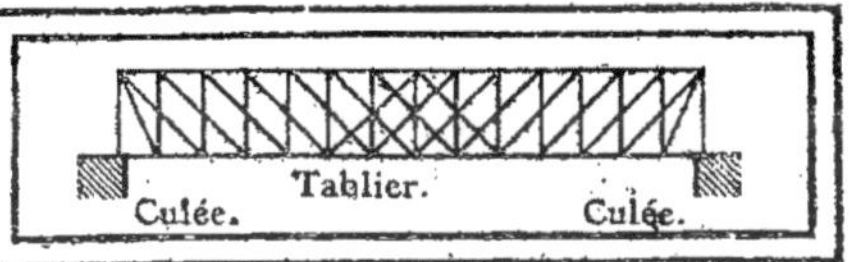

Fig. 16. — *Poutre Linville (poutre Pratt double).*

fort important puisqu'il comporte huit travées, dont quatre de 139 m. 89 de portée, fut considéré à l'époque comme extrêmement audacieux. A la même époque fut construit en Amérique le puissant pont de Victoria, sur le Saint-Laurent, comportant vingt-cinq travées de 75 mètres d'ouverture et présentant également le même aspect tubulaire ; il a été remplacé, depuis, par un ouvrage plus moderne.

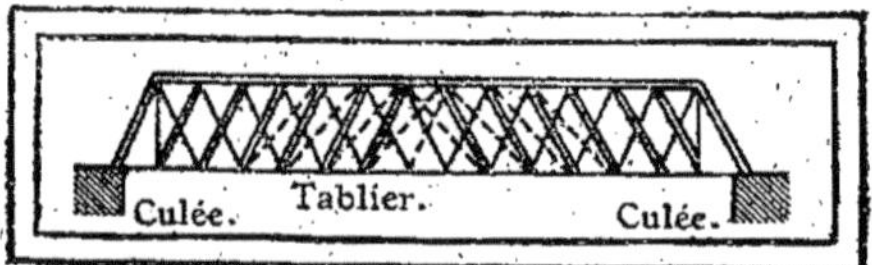

Fig. 17.— *Poutre double Pratt (pont du Niagara).*

Les ingénieurs n'ont plus utilisé ensuite, pour les grands ouvrages, que les poutres à treillis se rattachant à l'un des types indiqués plus haut. Le pont-canal de Briare, d'une longueur totale de 600 mètres ; le pont de Cubzac, de 563 mètres ; celui de Bordeaux, de 500 mètres, ont été construits sur ce principe. Les plus intéressants par leur portée sont le viaduc de la Tardes, de 250 m. 55, supporté par deux hautes piles en maçonnerie à 91 m. 33 au-dessus du cours d'eau et comportant deux travées de rive de 73 mètres encadrant une travée centrale de 104 m. 55. Le viaduc des Fades, sur la Sioule, est encore plus audacieux. Terminé en 1909, il mesure 430 mètres de longueur et comporte une travée d'approche de 53 m. 50 et une poutre continue de 376 mètres de longueur supdortée par deux piles en maçonnerie de 93 m. 33 de

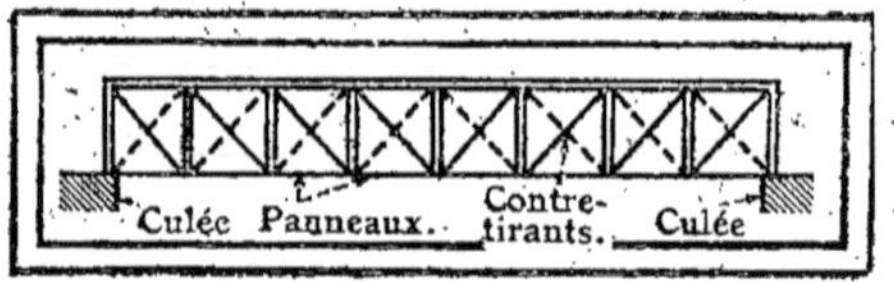

Fig. 18. — *Poutre Pratt avec contre-tirants dans tous les panneaux.*

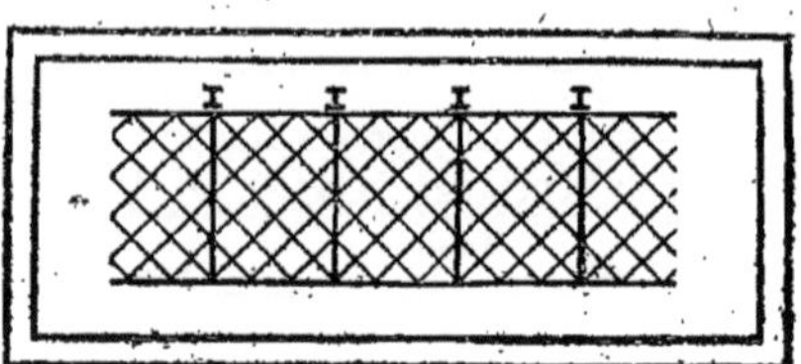
Fig. 19. — *Poutre dite à treillis composée, dérivée du type Warren.*

hauteur ; le niveau du rail est à 312 m. 50 au-dessus de la rivière.

A l'étranger, le pont de Louisville, sur l'Ohio, a un développement de 1 607 mètres avec une travée centrale de 122 mètres d'ouverture. Construit en 1870, il comporte diverses poutres typiquement américaines, comme celles du type Bollmann, par exemple (fig. 20) ; la même remarque s'applique au pont de Cincinnati, dont la travée principale a 153 m. 49 d'ouverture.

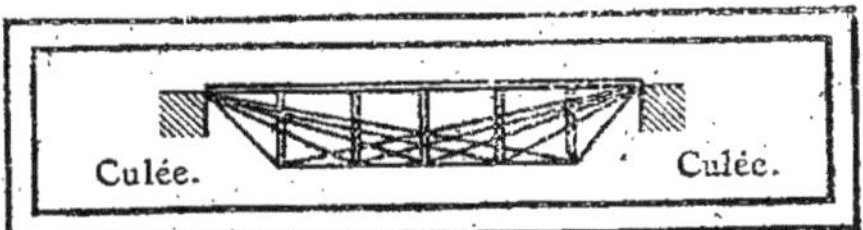

Fig. 20. — *Poutre armée composée américaine type Bollmann (pont de Louisville sur l'Ohio).*

Fig. 21. — *Poutre Bowstring.*

Pour obtenir une meilleure utilisation du métal et réaliser ainsi une sérieuse économie, on emploie souvent des poutres droites, dans lesquelles une des membrures affecte la forme d'une ligne courbe ou d'une ligne brisée. C'est ainsi que, dans la poutre Bowstring, la membrure inférieure est droite, tandis que la membrure supérieure est parabolique. Le pont sur le Danube, à Vienne, est ainsi construit.

Fig. 22. — *Schéma du pont de Moerdijk (Hollande) avec poutre Bowstring sectionnée aux extrémités.*

Cette poutre offrant de grands inconvénients pour ce qui concerne le contreventement, on adopte souvent un type à profil mixte dans lequel la hauteur de la poutre ne devient pas nulle aux extrémités, quoique la membrure supérieure soit parabolique. Les plus beaux exemplaires de ces types de ponts ont été construits en Hollande : pont de Kuilemburg, dont l'ouverture principale est de 150 mètres, pont de Mœrdijk qui comporte plusieurs travées de 105 mètres de portée (fig. 22). L'ouvrage le plus important est le viaduc sur la Vistule, à Marienwerder, dont le développement est de 1 058 mètres en cinq travées à poutres droites de 80 mètres d'ouverture et cinq travées à poutres de profil mixte (membrure supérieure semi-parabolique) ayant chacune 132 mètres de portée.

Malgré la présence de quelques travées en arc, le fameux pont jeté sur le golfe de Tay, en Écosse, peut être considéré comme le géant des ponts à poutres droites, puisqu'il présente un développement de 3 287 mètres, qui en font encore aujourd'hui un des deux ou trois plus grands ponts du monde.

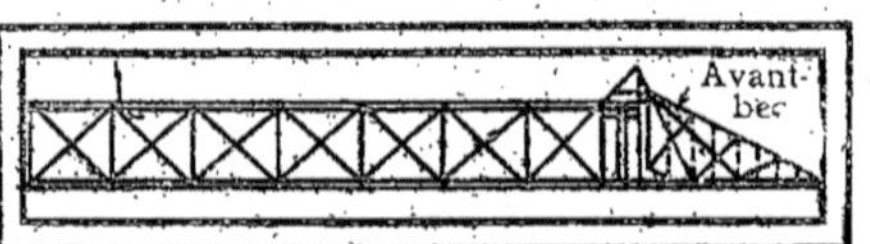

Fig. 23. — *Poutre pourvue d'un avant-bec de lancement.*

Pour le montage des ponts à poutre droite, on procède le plus souvent en s'aidant d'échafaudages, assez fréquemment par lancement. Dans ce dernier cas, la poutre est montée au préalable sur une plate-forme située à l'avant du pont, munie d'un avant-bec de lancement et poussée par des vérins au-dessus du vide. L'avant-bec vient d'abord reposer sur la pile ou la culée pour soutenir la poutre et éviter ainsi un trop grand porte-à-faux. Dans certains cas, on a monté les poutres en encorbellement en partant à la fois des deux culées de l'ouvrage ; les deux tronçons se réunissent au milieu. Ce procédé, employé dans la construction des viaducs de la Tardes et des Fades, est très audacieux, et, si tout s'est bien passé au viaduc des Fades, il y a eu, par contre, à déplorer une catastrophe au cours du montage de celui de la Tardes.

(Cl. Brandebourg, à Luxembourg.)

LE PONT ADOLPHE A LUXEMBOURG
construit en maçonnerie.

PONT DU MŒRDIJK
La poutre Bowstring est sectionnée aux extrémités.

(Photo W. M. Ritchie, à Édimbourg.)

PONT DU FORTH
Système cantilever avec travées droites de liaison.

PONT DE QUÉBEC EN CONSTRUCTION
Type cantilever avec travée centrale.

LES PONTS

Dans les ouvrages métalliques, il est nécessaire de tenir compte de la dilatation et de la contraction des fers dues aux variations de température. Pour les poutres droites, le dispositif le plus employé est représenté par une sorte de chariot roulant sur des galets que l'on interpose entre l'extrémité de la poutre et son appui sur la culée ou la pile (fig. 24).

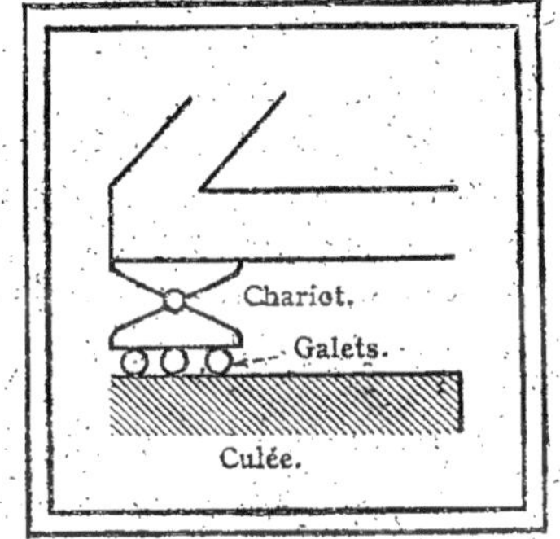

Fig. 24. — *Appareil de dilatation.*

PONTS CANTILEVER. ⌀ ⌀ Un certain nombre de ponts à poutres sont connus sous le nom de ponts *cantilever* ; on y retrouve les différents types que nous connaissons.

Un pont cantilever comporte en principe deux fermes construites en encorbellement, de part et d'autre des piles, de façon que leur *console de rive*, appelée aussi *bras d'ancrage*, équilibre ou à peu près le bras qui s'étend au-dessus du cours d'eau. Parfois les deux consoles centrales se rejoignent et sont fixées directement l'une à l'autre par une articulation (rotule, panneau de dilatation), dispositif qui peut donner à l'ouvrage l'aspect d'un pont en arc, surtout si les membrures inférieures des fermes sont courbes (pont du Métropolitain à Passy). Le plus souvent, on intercale entre les deux fermes une travée centrale formée d'une poutre droite d'un type quelconque, comme l'indique notre croquis.

Dans le pont cantilever, toute la charge est reportée sur les piles, les culées ne servant guère qu'à ancrer les consoles de rive pour empêcher que leur extrémité ne se soulève sous l'effort des charges agissant sur le milieu du pont. Ce système se prête admirablement à la construction d'ouvrages de très grande portée, à cause de la faculté laissée à l'ingénieur de le monter en encorbellement sans échafaudages.

On commence la construction de chaque ferme par le panneau au droit des piles et on continue le travail de chaque côté, de manière à maintenir constamment l'équilibre des parties en porte-à-faux. Quant à la travée centrale, lorsqu'il en existe une, on en effectue le plus souvent le montage en encorbellement en partant des extrémités des consoles pour se réunir au milieu de la poutre (pont de Forth). On peut également monter la poutre centrale sur la rive, l'amener sur chalands au-dessous de l'emplacement qu'elle doit occuper et la soulever au moyen de vérins jusqu'au niveau des extrémités des consoles en encorbellement du cantilever, auxquelles elle sera ensuite fixée (pont de Québec). C'est donc au type cantilever qu'appartiennent deux des plus formidables ouvrages métalliques dus au génie constructeur de l'homme. Celui de Forth, édifié de 1883 à 1890 par l'ingénieur Benjamin Baker, causa une véritable révolution dans le monde des travaux publics. Ce formidable viaduc porte deux voies de chemin de fer au-dessus d'un bras de mer, le *Firth of Forth*, non loin d'Edimbourg, en Écosse. Son développement total est de 2 530 mètres ; ses deux travées principales ont chacune 521 m. 50 de portée, et la hauteur du tablier au-dessus du niveau de l'eau est de 45 m. 75. Le pont a été calculé pour que les trains puissent y circuler à la vitesse de 100 kilomètres à l'heure ; il a fallu également tenir compte des efforts considérables que le vent exerce sur la construction exposée à toutes les tempêtes du large.

Les membrures inférieures et tous les éléments travaillant à la compression sont constitués par des tubes en tôle d'acier de 2 m. 50 à 3 m. 70 de diamètre. Les membrures supérieures et les éléments travaillant à la traction sont faits de barres à treillis. La charpente d'acier du pont pèse 54 000 tonnes.

Pendant longtemps le pont du Forth a détenu le record de la plus grande ouverture : dès 1899 cependant, avaient été commencés les travaux d'un pont plus important encore, à Québec, sur le Saint-Laurent. Mais il ne fut terminé qu'en 1917, les travaux ayant été retardés par deux catastrophes survenues au cours du montage (30 août 1907 et 11 septembre 1916).

La longueur totale du pont de Québec (fig. 25) n'est que de 987 m. 28, mais l'ouverture de son unique travée est de 548 m. 60, soit 27 m. 10 de plus que celle du Forth. D'autre part, son tablier étant beaucoup plus large (26 m. 82), le poids de la charpente métallique atteint

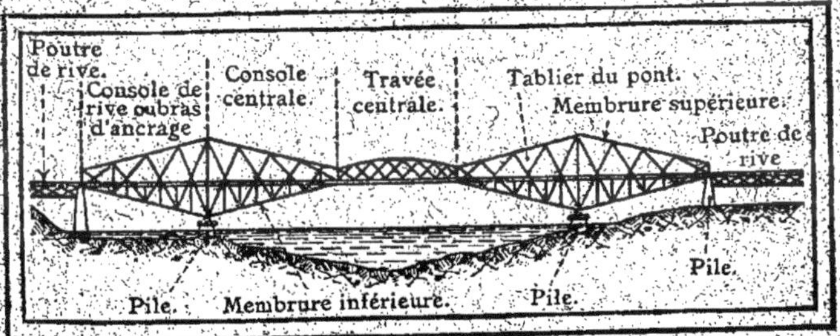

Fig. 25. — *Schéma d'un pont cantilever (pont de Québec).*

66 000 tonnes. La hauteur du tablier au-dessus du fleuve est la même que celle du Forth.

La travée centrale est formée de deux consoles en cantilever de 176 m. 80 de longueur chacune et d'une poutre centrale de 195 mètres de portée, qui les réunit. La longueur des travées de rive est de 156 m. 87. Les fermes principales ont 94 m. 48 de hauteur au droit des piles ; les membrures inférieures sont formées de quatre poutres en I, parallèles. Les pièces composant les poutres d'ancrage sont en acier au carbone; celles des consoles en encorbellement et celles de la poutre centrale, en acier au nickel. Le pont supporte deux voies de chemin de fer et des passerelles pour piétons.

A côté de ces deux géants, tous les autres ponts du type cantilever paraîtront de peu d'intérêt. Il y a lieu cependant de mentionner le pont Doumer, sur le fleuve Rouge, à Hanoï, dont le développement fort respectable de 1 680 mètres se décompose en dix-neuf travées dont les huit principales ont 106 m. 20. Dans cet ouvrage, les membrures supérieures présentent une forme polygonale. Citons encore le pont de Blackwell, sur l'East River, à New-York, d'une longueur totale de 1 135 mètres, qui comporte une travée de 360 m. 51 et une autre de 300 m. 12. Le tablier de ce pont est à deux étages ; il présente cette particularité que les consoles en encorbellement se rejoignent directement au centre des portées, sans interposition de poutre centrale, comme dans les ponts du Forth et de Québec. Enfin n'oublions pas que nous possédons à Paris deux types de ponts cantilever : celui de Tolbiac et celui à double tablier du Métropolitain à Passy.

PONTS EN ARC. ⊘ ⊘ Passons maintenant à l'étude des *ponts en arc*.

Les premiers petits ponts métalliques furent des ponts en arc, en fonte, directement dérivés des ponts à arches en maçonnerie (Pont des Arts, 1803). Par la suite, on remplaça les arcs en fonte par des fermes courbes en acier constituées d'abord par des poutres en I à âme pleine, pour en arriver progressivement au treillis par une évolution semblable à celle des ponts à poutres.

La plupart des ponts à arc modernes sont articulés ; ils ont soit deux articulations aux naissances, soit trois articulations, dont deux aux naissances et une à la clé.

Ils présentent des formes extrêmement variées. Dans la plupart des cas, la convexité de l'arc est tournée vers le haut : le tablier peut alors être établi au-dessus de l'arc, sur lequel il repose par des pièces travaillant à la compression, ou bien suspendu à l'arc. Il existe aussi à l'étranger, particulièrement en Allemagne, un certain nombre de ponts dans lesquels la concavité de l'arc est tournée vers le haut. A ce type appartient le pont de Pittsbourg, aux États-Unis, d'une portée de 244 mètres, construit en 1877, et que sa forme a souvent fait prendre pour un pont suspendu. Un curieux pont en arc est celui de Hambourg, qui comporte trois travées principales de 96 m. 36 de portée, formées de deux arcs superposés, dont l'un est renversé, le tablier formant la corde commune aux deux arcs.

Parmi les plus beaux exemples de ponts en arc à deux articulations, il nous faut citer le pont sur le Douro, au Portugal, construit en 1878 ; l'arc, de 160 mètres d'ouverture entre les retombées, supporte, au-dessus, le tablier principal ; mais on y a également suspendu une passerelle pour piétons. Le viaduc du Zambèze, d'une longueur totale de 198 m. 25, dont l'arc, de 152 m. 50 de portée et de 27 m. 45 de flèche, supporte le tablier à 117 mètres au-dessus du niveau du fleuve. L'ouvrage est complété par deux travées d'accès constituées par des poutres droites à treillis.

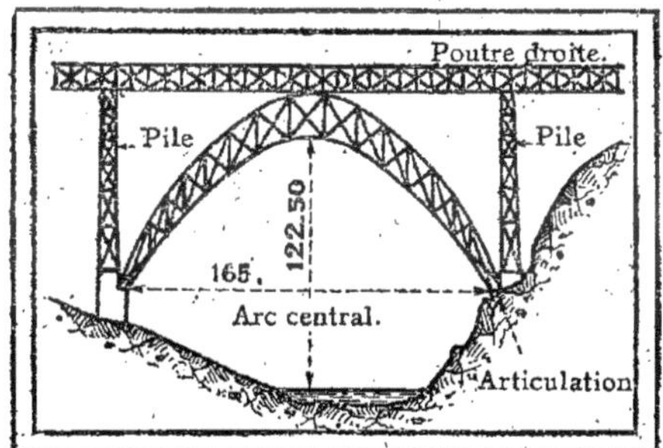

Fig. 26. — *Schéma du viaduc de Garabit.*

Mais il convient de réserver la place d'honneur au viaduc de Garabit, sur les gorges de la Truyère, construit de 1880 à 1884 par M. Eiffel. Cet ouvrage, remarquable par son élégance, et qui a longtemps retenu le record de portée des ponts en arc, a une longueur totale de 488 m. 30, qui se décompose en cinq travées d'accès à poutres droites à treillis, et un arc central en forme de croissant d'une ouverture de 165 mètres d'axe en axe des retombées ; le tablier, situé au-dessus de l'arc, domine de 122 m. 50 les eaux de la Truyère (fig. 26).

Parmi les ponts en arc à trois articulations, le pont Alexandre III, à Paris, mérite une mention spéciale. C'est d'abord l'arc le plus surbaissé que l'on connaisse, puisque, pour une portée de 109 mètres, la flèche est de 6 m. 28 seulement. Ensuite le pont est constitué par quinze fermes juxtaposées en acier moulé, imitant ainsi la construction des anciens ponts en fonte.

En dehors de ce cas particulier, les ouvrages les plus remarquables dans lesquels on a employé l'arc à trois articulations sont : le pont du Song-Ma, sur la ligne de Hanoï à Vinh (Annam) ; il comporte un arc de 162 m. 40 d'ouverture et 25 mètres de flèche, dont la convexité est tournée vers le haut et auquel le tablier est suspendu par des tirants (fig. 27) ; le nouveau pont de La Roche-Bernard, avec une ouverture d'arc de 198 m. 27 ; le tablier est également suspendu à l'arc à une hauteur de 33 mètres au-dessus du niveau des eaux.

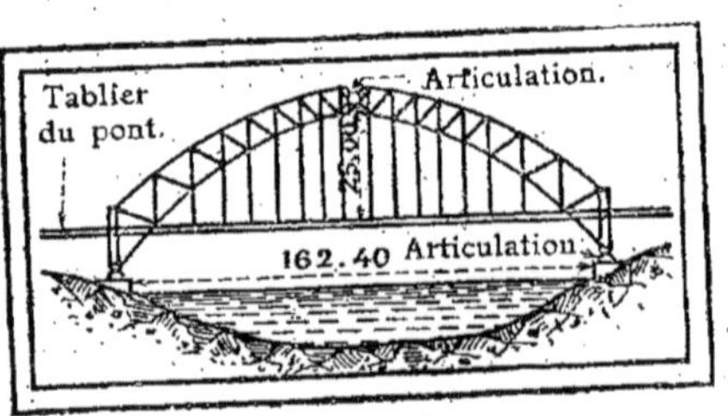

Fig. 27. — Schéma du pont sur le Song-Ma.

La plus grande arche du monde de ce genre d'ouvrages est celle de Hill Gate (Porte d'Enfer), sur l'Est River, à New-York, terminée en 1915. Ce pont fait partie d'un immense viaduc long de 4 830 mètres, qui est, par conséquent, l'ouvrage le plus important de ce genre qui existe. La portée de l'arc est de 310 mètres entre culées, et sa hauteur à la clé de 93 mètres ; les membrures inférieures sont articulées aux naissances, et on a introduit, dans le panneau de clé, un joint de dilatation qui joue le rôle de troisième articulation. La hauteur des fermes à la clé est de 12 m. 50 ; les membrures inférieures mesurent 2 m. 30 de hauteur et 3 m. 20 aux retombées.

Le tablier est suspendu à l'arc ; il a été calculé pour livrer passage, sur quatre voies, à quatre trains de marchandises des plus lourds qui existent. On a employé, dans sa construction, l'acier au carbone, et son montage a eu lieu en encorbellement en partant des deux culées et en équilibrant les parties en porte-à-faux à l'aide de contrepoids temporaires et de tirants.

OUVRAGES MIXTES. ø ø Les ponts que nous venons d'étudier appartiennent à des groupes bien déterminés ; il en est d'autres qui s'inspirent de plusieurs systèmes et que l'on ne peut que ranger dans une *catégorie spéciale*. Le viaduc du Viaur, par exemple, un des ouvrages les plus importants construits en Europe, se rattache à la fois au type cantilever et au type de pont à arc. Il comporte en effet (fig. 28). deux grandes fermes en forme de potences doubles, dont les consoles de rive et les consoles centrales s'équilibrent à peu près ; ces fermes sont articulées aux naissances sur les piles et réunies au centre par une troisième articulation. Tant que le pont n'est soumis qu'à la seule charge permanente, c'est-à-dire tant qu'aucun

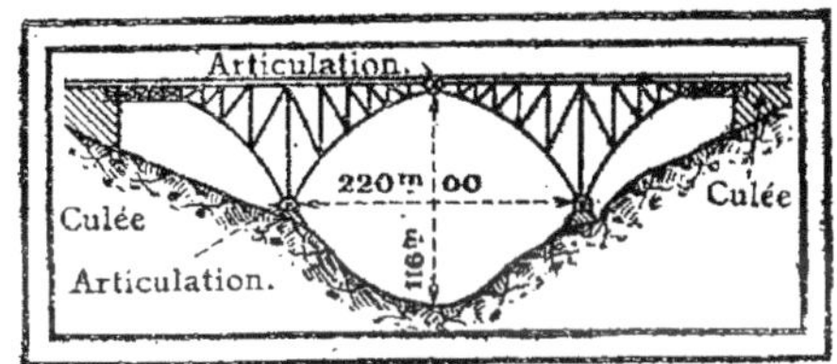

Fig. 28. — *Schéma du viaduc du Viaur.*

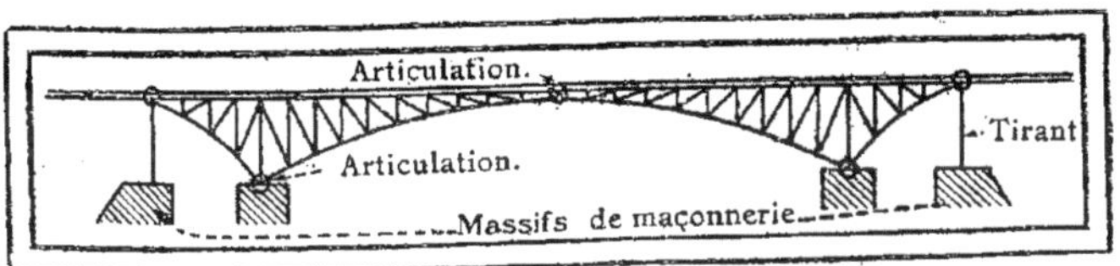

Fig. 29. — *Schéma du pont Mirabeau à Paris.*

convoi ne le traverse, l'articulation centrale ne fonctionne pas, l'ouvrage se comporte alors comme un pont cantilever ; au passage des charges roulantes, au contraire, l'articulation centrale entre en jeu, et le pont fonctionne comme un arc à trois articulations. Cet ouvrage, construit de 1898 à 1902, a une longueur totale entre culées de 410 mètres ; la travée centrale a 220 mètres d'ouverture avec une flèche de 53 m. 73. Chacun des demi-arcs qui la constituent est équilibré à l'arrière par un autre demi-arc formant culasse de 69 m. 70 de portée. L'extrémité de chaque culasse est réunie aux culées en maçonnerie par une poutre droite à grandes mailles de 25 m. 40. Les travées latérales ont donc une ouverture de 95 mètres. Le tablier est à 116 mètres au-dessus du fond du ravin.

Le pont Mirabeau, à Paris, est un ouvrage du même genre, mais on a manqué d'espace pour que les consoles de rive puissent équilibrer les consoles centrales. Il a donc fallu ancrer les premières à des massifs en maçonnerie au moyen de tirants (fig. 29).

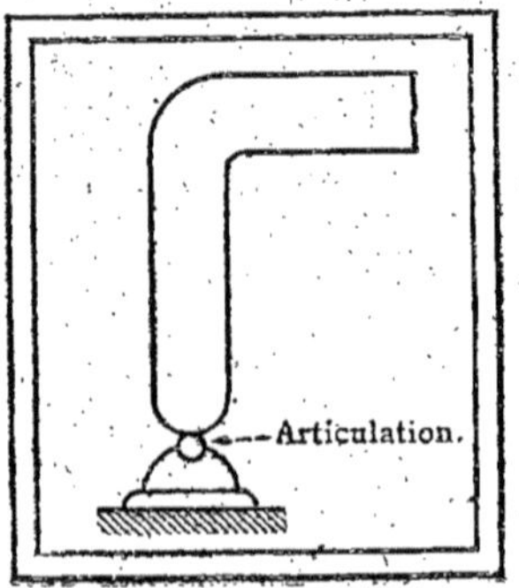

Fig. 30. — *Béquille.*

Disons un mot, en passant, des ponts à béquilles. La béquille est, en somme, une forme particulière de l'arc (fig. 30) qui permet de résoudre des problèmes difficiles, mais n'a jamais été employée dans des ouvrages de grande importance. Le pont du Métropolitain, sur le quai de Grenelle, d'une portée de 55 m. 28, est un pont à béquilles.

PONTS SUSPENDUS. ⌀ ⌀ Nous allons aborder maintenant l'étude des *ponts à fermes principales souples.*

Les éléments essentiels de ces fermes, avons-nous dit au début de ce chapitre, sont composés de chaînes ou de câbles capables de résister à d'autres efforts que des efforts de tension. Les ponts établis d'après ce principe s'appellent communément *ponts suspendus.*

Les premiers ponts suspendus paraissent avoir été construits en Angleterre et en Amérique. En France, le premier ouvrage de ce genre fut établi dans les premières années du XIXe siècle à Tournon, sur le Rhône, par le célèbre ingénieur Marc Séguin, inventeur de la chaudière tubulaire ; il sert encore aujourd'hui comme passerelle à piétons.

(Cl. Neurdein.)

VIADUC DE GARABIT
Type de pont métallique en arc.

(Cl. Hachette.)

PONT ALEXANDRE-III
Type de pont métallique à arc très surbaissé.

HILL GATE (NEW-YORK)
Arche métallique surélevée.

(Cl. E. Carrère.)

VIADUC DU VIAUR
Type de pont cantilever et à arc.

(Cl. Photoglob.)

PONT DE PEST SUR LE DANUBE
Type de pont suspendu.

Le pont suspendu est un ouvrage très simple, en principe : sur chaque rive on élève deux pylônes en pierres sur lesquels on fait passer un ou plusieurs câbles ayant la résistance voulue. Ces câbles sont amarrés sur les rives dans des massifs de maçonnerie. Ils forment, au-dessus de la rivière, une courbe parabolique. Des tirants, fixés sur ces câbles par des ligatures, constituent avec eux les fermes du pont. A deux tirants se faisant vis-à-vis d'une ferme à l'autre on attache une poutrelle, qui devient pièce de pont, et sur toutes les poutrelles on étend la couverture ou platelage ; un solide garde-corps reliant les poutrelles entre elles, près des tirants de suspension, donne de la rigidité au tablier (fig. 31).

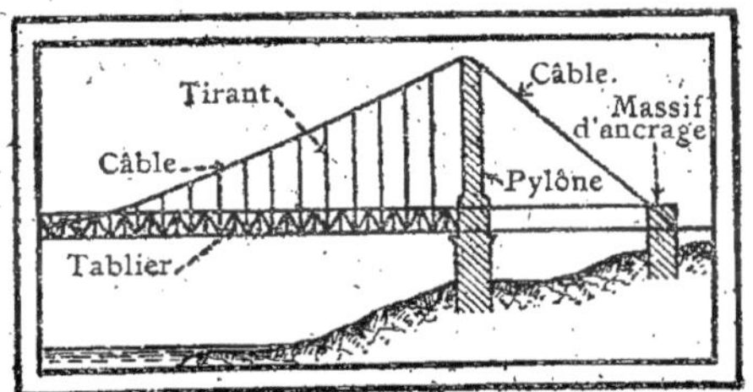

Fig. 31. — *Schéma d'un pont suspendu.*

On voit, par ce simple exposé, combien le montage d'un pont suspendu est facile ; la seule opération un peu délicate est la pose des câbles. Ceux-ci mis en place, la confection du tablier se fait de proche en proche en partant des deux rives, de façon à équilibrer les poids portés par les câbles, sans qu'il y ait lieu de recourir à des échafaudages. De plus, l'entretien de ce genre de pont est extrêmement aisé et son prix de revient peu élevé. Ces diverses considérations ont fait que, dès son apparition, le pont suspendu a connu le plus grand succès ; on en établit un grand nombre en France, où ils servaient surtout de ponts de péage, et à l'étranger.

Cependant, tandis qu'aux États-Unis le pont suspendu était adopté presque à l'exclusion de tout autre type pour les ouvrages à grandes portées, atteignant bientôt des dimensions phénoménales, les ingénieurs européens, prévenus contre lui par les défauts que présentaient les modèles primitifs et par quelques catastrophes, se refusent encore à faire l'application de ce type à des ouvrages de quelque importance.

Dans les premiers ponts suspendus, en effet, la grande flexibilité du tablier, transmettant les vibrations aux câbles au passage des charges mobiles, amenait dans ces câbles des suppléments de tension susceptibles d'en entraîner la rupture. C'est ainsi qu'une grande catastrophe fut la conséquence, à Angers, de l'effondrement du pont suspendu sur la Maine, au passage d'une troupe au pas. De plus, en raison de sa grande légèreté, le tablier n'offrait aucune résistance au vent et particulièrement aux remous agissant de bas en haut. Le pont de La Roche-Bernard fut enlevé à plusieurs reprises par des ouragans et, en 1897, le pont de Donzère, sur le Rhône, fut littéralement retourné.

La plupart de ces défauts ont disparu dans les grands ouvrages exécutés en Amérique, dans lesquels le poids du tablier n'a plus grand'chose à craindre du vent ; sa rigidité et sa résistance sont d'ailleurs assurées par des garde-corps faits de poutres rigides. De plus, le plus grand soin est apporté à la confection des câbles, formés en général de fils d'acier très nombreux tordus en hélice et parfaitement garantis contre la rouille. Chaque ferme est composée de plusieurs câbles, ce qui permet de réparer ou de remplacer l'un d'eux sans démolir le pont. Il y a lieu de considérer enfin que la construction des ponts suspendus est notablement plus économique que celle des ponts à poutres ou en arcs, grâce à la facilité de montage et aux poids réduits de l'armature métallique. Et il se produit toujours, pour les ponts métalliques comme pour les ponts en pierres, un moment où la limite de portée est atteinte parce que les charges permanentes deviennent telles que le pont ne peut plus les supporter. Aussi semble-t-il que la cause soit jugée et que le pont suspendu doive être adopté pour tous les ouvrages d'une importance exceptionnelle.

Le pont de Fribourg, en Suisse, construit en 1834, atteignait déjà une portée de 246 m. 26, et, en France, celui de La Roche-Bernard, établi en 1836, avait une ouverture de

198 m. 27. De 1827 à 1839, on construisit sur la Dordogne, à Cubzac, un ouvrage d'une longueur totale de 545 mètres en cinq travées suspendues de 109 mètres chacune ; ce pont fut démoli en 1883 et remplacé par un autre à poutres droites. En 1849 eut lieu l'achèvement du pont de Pest, en Hongrie, d'une portée de 203 m. 13, et en 1862 celui de Clifton en Angleterre, avec 214 m. 18 d'ouverture. Mentionnons encore le fort joli pont de Sidi M'Cid, sur le Rummel, à Constantine, dont la portée est de 164 m. 30 ; le tablier domine le torrent de 176 mètres, ce qui semble constituer le record du monde en fait de hauteur de pont.

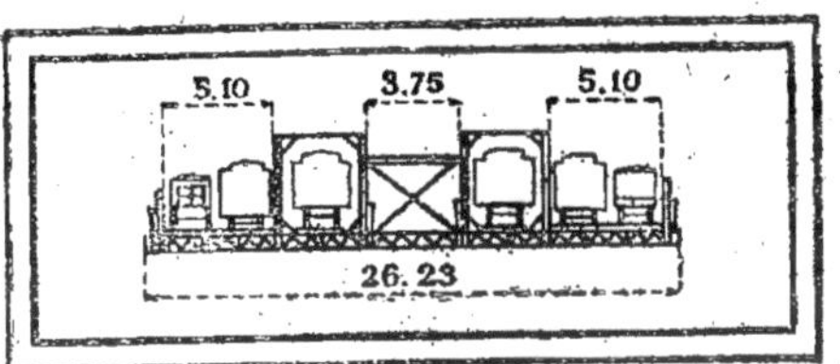

Fig. 32. — *Pont de Brooklyn.*

Dès 1855, les États-Unis prenaient nettement l'avance avec la construction d'un pont de chemins de fer suspendu sur le Niagara, en aval des Chutes, qui mesurait 250 m. 51 d'ouverture ; suivaient bientôt le pont de Niagara Falls avec 386 m. 84 de portée ; le pont de Cincinnati, sur l'Ohio, long de 322 m. 38 et enfin, le 24 mai 1883, eut lieu l'inauguration du fameux pont de Brooklyn, à New York (fig. 32). Cet ouvrage fit l'admiration du monde entier et resta pendant vingt ans le roi des ponts suspendus. Il était destiné à relier New York à son faubourg de Brooklyn dans l'île de Long Island, les ferry-boats étant devenus insuffisants pour assurer le trafic à travers l'East River. Sa longueur totale est de 1 826 mètres, y compris les travaux d'accès, et sa portée centrale de 486 m. 30. Son tablier, large de 26 m. 23, porte quatre voies ferrées, deux chaussées pour le passage d'un véhicule chacune et au centre un trottoir surélevé pour piétons. Il est porté par quatre câbles de 0 m. 393 de diamètre.

L'accaparement des rives de l'East River et de l'Hudson par la ville de New York a rendu nécessaire la construction d'une série de ponts auxquels il a fallu donner une grande hauteur pour ne pas gêner le mouvement du port. Le pont de Brooklyn s'étant fort bien comporté, le principe des ponts suspendus a été admis pour tous les autres ouvrages, plus importants encore, sinon par leur longueur, du moins par les efforts qu'ils sont appelés à supporter. Le 19 décembre 1903, on inaugurait le pont de Williamsburgh, d'une ouverture centrale de 486 m. 40 (fig. 33) ; le tablier de cet ouvrage, large de 36 mètres, livre passage, dans sa partie médiane, entre les organes de suspension des pièces de pont, à six voies ferrées et porte en encorbellement, de part et d'autre, deux chaussées de 6 m. 07 de largeur, sur chacune desquelles deux véhicules peuvent passer de front. Il est muni d'un contreventement supérieur dans lequel sont aménagés deux trottoirs pour piétons. Les quatre câbles qui le supportent ont 0 m. 468 de diamètre, et la longueur totale de l'ouvrage est de 2 196 mètres.

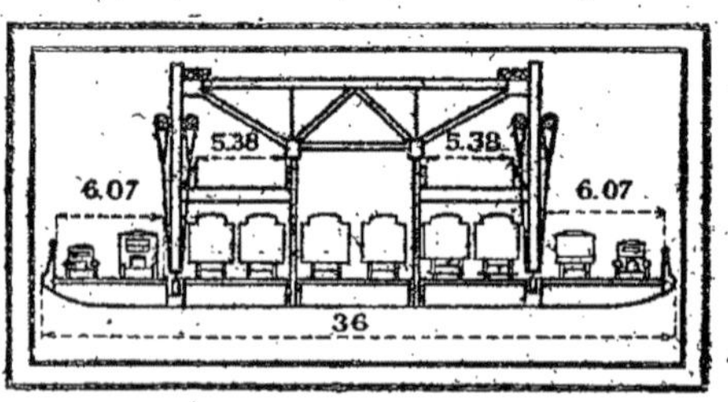

Fig. 33. — *Pont de Williamsburgh.*

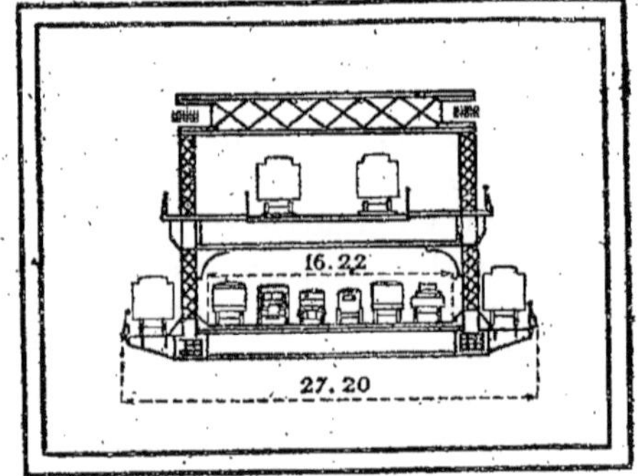

Fig. 34. — *Pont de Queensborough.*

Le 30 mars 1909 était inauguré le pont de Queensborough (fig. 34), dont le tablier, à deux étages, est large de

27 m. 20 ; l'étage inférieur a reçu une chaussée de 16 m. 22 (six véhicules de front) et, en porte-à-faux, de part et d'autre, deux voies ferrées ; l'étage supérieur porte encore deux voies ferrées et deux trottoirs pour piétons. Le tablier est muni d'un contreventement supérieur.

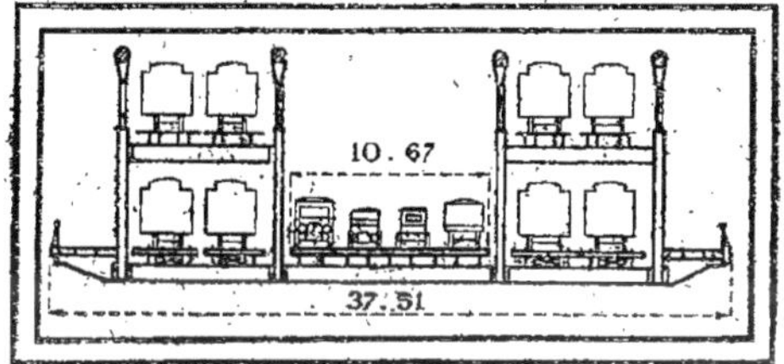

Fig. 35. — *Pont de Manhattan.*

La même année, le 31 décembre, c'était le tour du pont de Manhattan, dont l'ouverture centrale est de 446 m. 90 (fig. 35.) Son tablier à deux étages, large de 37 m. 51 n'a pas de contreventement supérieur. Il est porté par quatre câbles de 0 m. 512 de diamètre. A l'étage inférieur, passent quatre voies ferrées et une chaussée de 10 m. 67 de large (4 véhicules) ; en porte-à-faux, sont encore deux trottoirs pour piétons. Quatre autres voies ferrées sont construites à l'étage supérieur. La longueur totale de l'ouvrage est de 2090 m. 77.

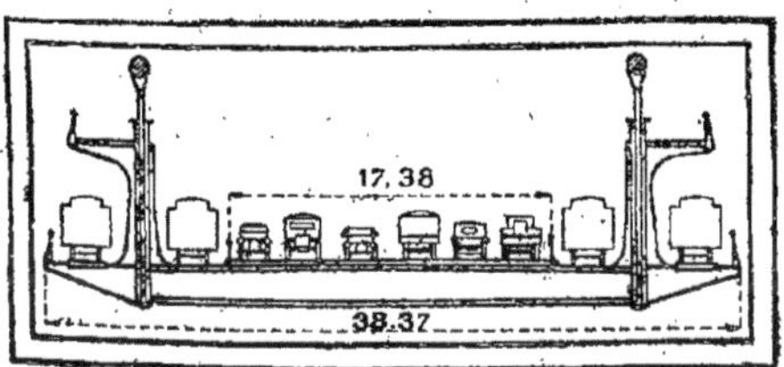

Fig. 36. — *Pont de la rivière Delaware.*

Toutes ces dimensions vont être dépassées par celles du pont suspendu sur la Dalaware, à Philadelphie, dont la construction a été commencée au cours de l'année 1922 (fig. 36). Le tablier métallique aura 976 m. 25 de longueur, dont 533 m. 75 pour la travée médiane et 221 m. 25 pour chaque travée de rive ; il est porté par deux câbles de 0 m. 75 de diamètre et sans contreventement supérieur. Large de 38 m. 37, il comprendra, au milieu, une chaussée carrossable de 17 m. 35 de large et, de chaque côté, deux voies ferrées disposées de part et d'autre de la suspension des pièces de pont. Au-dessus de ces voies seront aménagés des trottoirs pour les piétons, en porte-à-faux comme les deux voies ferrées extérieures. La hauteur libre du tablier au-dessus du niveau du fleuve, le *tirant d'air*, sera de 41 m. 23. Les pylônes métalliques sur lesquels passeront les câbles auront 116 m. 50 de hauteur. La longueur totale de l'ouvrage, y compris les travaux d'approche, sera de 2 928 mètres.

Le trône de ce nouveau souverain est déjà menacé ! Les ingénieurs américains viennent d'établir les plans d'un nouveau pont sur l'Hudson, à New York, qui laissera loin derrière lui tous ses rivaux. La longueur du tablier sera, en effet, de 2031 m. 30, dont 988 m. 20 pour la travée centrale entre pylônes et 521 m. 55 pour chaque travée de rive. Sa largeur sera de 67 m. 10, et il portera, à l'étage inférieur, dix voies normales de chemin de fer passant dans de véritables tunnels métalliques constitués par le contreventement; à l'étage supérieur, à l'extérieur de la suspension, en porte-à-faux par conséquent, deux trottoirs pour piétons de 4 m. 60 de largeur et deux lignes de tramways ; entre la suspension, une chaussée de 47 m. 20 sera réservée aux véhicules.

Cette masse sera supportée par quatre câbles disposés par paires dans le même plan vertical, à distance de centre à centre de 48 m. 80 ; chacun d'eux sera composé de quatre-vingts chaînes disposées en trois couches superposées, le tout contenu dans une enveloppe en bronze ; le diamètre de chaque câble sera de 3 m. 20. On croit rêver.

PONTS TRANSBORDEURS. ⌀ ⌀ Nous avons encore à parler d'autres ponts métalliques, non parce qu'ils sont plus importants que ceux qui précèdent, mais parce qu'ils répondent à des besoins spéciaux. Tels sont les *ponts transbordeurs*, les *ponts tournants*, les *ponts à bascule*, qui méritent d'être connus. On les utilise généralement dans les grands ports. Un *pont transbordeur* est, en principe, un pont suspendu dont le tablier est porté par deux pylônes élevés à une hauteur suffisante pour livrer passage aux mâts des plus grands navires. Sur ce tablier, où personne ne passe, court un chariot automobile auquel on suspend, par des câbles, une plate-forme à la hauteur des rives qu'il s'agit de relier. Les piétons et les véhicules prennent place sur la plate-forme, et le chariot les transporte d'une rive à l'autre. Le premier pont transbordeur français fut celui de Rouen, construit en 1899 ; les deux pylônes ont 66 m. 50 de hauteur et élèvent le tablier à 51 mètres au-dessus du niveau de la Seine. Depuis on en a construit à Marseille, à Nantes, etc.

PONTS TOURNANTS. ⌀ ⌀ Les *ponts tournants* furent d'abord établis à deux volées reposant sur une pile placée au milieu du chenal et tournant sur un pivot central. A ce type se rattache le grand pont tournant de Dordrecht, en Hollande, dans lequel chaque volée a une portée de 25 m. 224, et le pont Burlington, à Kansas City (États-Unis), dont chaque volée à 69 m. 54 de portée. La présence de la pile au milieu du chenal n'est pas sans gêner la navigation ; pour éviter cet inconvénient, on reporte le pivot vers l'un des côtés du chenal et on augmente la longueur de l'une des travées au détriment de l'autre. Le pont tournant des bassins de radoub à Marseille est ainsi construit ; ses deux volées mesurent l'une 38 m. 40 et l'autre 23 m. 60. On peut même établir le pivot à l'une des extrémités du pont, sur la culée, dispositif qui supprime la pile du pivot. Le pont tournant de Brest est à deux volées se rabattant le long des rives ; sa portée totale est de 117 mètres.

L'ouvrage de ce genre le plus important du monde semble être celui de Wilhelmshafen (Allemagne). Il est à deux volées, comme celui de Brest, et appartient au type cantilever ; sa longueur est de 238 m. 50 ; chaque console centrale a 79 m. 50 de portée et celles de rive 39 m. 75.

PONTS A BASCULE. ⌀ ⌀ Le système de pont mobile le plus pratique est le *pont-levis* ou *pont à bascule*, qui possède l'avantage d'indiquer lui-même, de loin, l'interruption de la circulation terrestre et la liberté de la navigation. Il en existe à Rotterdam, à Bremerhaven, et en Angleterre, notamment au pont de la Tour à Londres. Cependant les encuvements destinés à recevoir les culasses formant contrepoids sont d'une construction coûteuse et souvent difficile. Pour les supprimer on a imaginé le *pont roulant à bascule*, qui semble devoir l'emporter sur tous les autres types de ponts mobiles. Il est dû aux recherches de l'ingénieur français Cuvelier et à celles, plus récentes, de l'ingénieur américain William Scherzer.

Il comporte, en principe, une poutre basculante portant à l'arrière un grand secteur circulaire qui roule, pendant la manœuvre du pont, sur des poutres à âme pleine reposant sur la culée. Il est équilibré à l'aide d'un fort contrepoids P (fig. 37) ; le chemin de roulement est formé par une crémaillère placée sur la membrure supérieure de la poutre B.

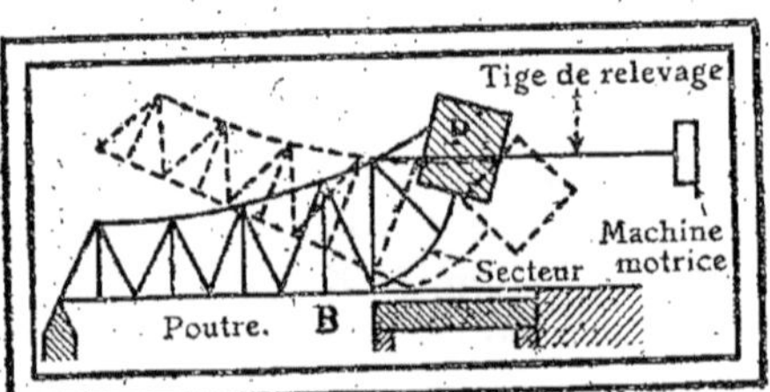

Fig. 37. — *Schéma du pont roulant à bascule.*

Parmi les ponts les plus intéressants de ce type nous citerons les deux ponts pour route et pour voie ferrée de Salzaëte (Belgique) ; le pont Keadly, sur le Great Central Railway, en Angleterre; le pont sur le canal de Knottingley à Goole, aux États-Unis, d'une portée de 33 mètres, et le pont de chemin de fer à deux voies sur le Thames River, qui comprend quatre travées à poutres droites, dont deux de 100 m. 65 et deux de 61 mètres de portée encadrant une poutre à bascule de 58 mètres de longueur. En France, le pont à bascule de la Seyne (Toulon), terminé en 1917, a une portée de 42 mètres.

L'ouvrage le plus important de ce genre a été construit sur un canal à Sault-Sainte-Marie (Michigan) ; sa portée

PONT A BASCULE (CHICAGO)

(Cl. Cavé-Breyne.)

PONT TRANSBORDEUR DE ROUEN

(Cl. Limousin et Cie.)

PONT DE SAINT-PIERRE-DU-VAUVRAY
Arc après décintrement.

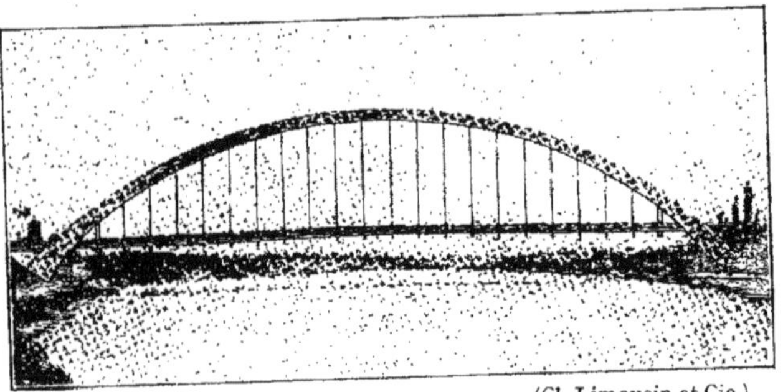

(Cl. Limousin et Cie.)

PONT DE SAINT-PIERRE-DU-VAUVRAY
Type de pont en arc en ciment armé.

(Cl. Limousin et Cie.)

PONT DE VILLENEUVE-SUR-LOT
Type de pont en arc en ciment non armé.

est de 108 m. 58, et il présente cette particularité que, lorsque le pont est fermé, les deux fermes se verrouillent l'une sur l'autre.

PONTS EN BÉTON DE CIMENT ARMÉ. ⌀ ⌀ Il nous reste à parler des *ponts en béton armé*, qui tendent de plus en plus à prendre une place importante. Ils présentent de grands avantages sur ceux en pierre au point de vue du poids, de l'élasticité et de l'économie et même sur ceux en acier, si l'on admet qu'ils doivent les surpasser en durée.

François Coignet fut le premier ingénieur à utiliser le béton armé dans l'exécution d'ouvrages divers, notamment dans la construction d'un aqueduc de dérivation des eaux de la Vanne. Le premier pont en ciment armé fut construit en 1875 dans la propriété du marquis de Tilière ; il avait 16 m. 50 d'ouverture. Le nouveau procédé fut bien accueilli à l'étranger, notamment en Allemagne, où il se répandit vite sous le nom de « Monierbau ». Mais c'est d'après les systèmes français de Coignet et surtout de François Hennebique, qu'ont été construits la plupart des ouvrages importants, tant en France qu'à l'étranger. Aux États-Unis, la première application du béton armé aux ponts en arc remonte à une trentaine d'années.

Jusqu'à ce jour, les constructions en béton armé sont restées assez timides, et l'on n'a jamais prévu pour des *poutres droites* des portées supérieures à 25 ou 30 mètres. Il est à remarquer que ces types de poutres en ciment armé sont généralement similaires à ceux que nous avons étudiés pour les poutres métalliques.

Les ouvrages les plus importants en ciment armé sont, actuellement, le pont sur le chemin du P.-L.-M. à Miramas, d'une longueur totale de 50 mètres, décomposée en trois travées, celle du centre ayant 21 mètres d'ouverture ; le pont sur l'Oppa, à Troppau (Silésie), à poutre continue de 51 m. 50 de longueur en trois travées ; le pont sur la rivière Suir, à Waterford (Irlande), construit selon le système Hennebique, composé de travées de 14 m. 13 de portée et d'un développement total de 215 mètres ; il est coupé en son milieu d'une ouverture de 25 mètres avec pont-levis double. Le plus long semble être le viaduc de l'usine à gaz de Copenhague, d'un développement de 560 mètres. Le pont en X du Mans a également attiré l'attention bien plus par l'originalité de sa forme que par ses dimensions.

Enfin le pont-rails en béton le plus important en France est celui que viennent de faire construire les Aciéries de la Marine, à Saint-Chamond. Sa longueur totale est de 123 mètres, la plus grande des 7 travées ayant 28 m. 50 de portée. Il est constitué par une poutre continue reposant sur une pile centrale par une articulation en acier et sur les culées et les cinq autres piles par deux rotules : une entre la pile et la poutre, l'autre à la partie inférieure de la pile. On a donné à ce système original le nom de « piles pendules ». C'est la première solution rationnelle qui ait été trouvée pour tenir compte des variations de longueur dues à la température et au retrait du béton à la prise.

Parmi les ouvrages les plus importants en *arc* (qui s'inspirent également des ponts en arc métalliques), citons le viaduc d'Avranches, long de 86 m. 30, qui comporte un arc de 33 m. 60 de portée ; le pont sur la Vienne, à Châtellerault, d'une longueur totale de 135 mètres, avec une travée centrale de 50 mètres et deux travées de rive de 40 mètres ; le pont de Heringen, d'une portée de 53 mètres, dans lequel le tablier est suspendu à l'arc par des tiges de fer ; le pont de Johannesville (Ohio), curieux par sa forme en Y ; le pont sur la Vésubie, à Saint-Jean-la-Rivière, long de 65 m. 70 avec une ouverture libre de 45 m. 50 ; le pont de Pyrimont, sur le Rhône, long de 186 m. 70, haut de 22 m. 50, comportant trois arcs de 51 m. 50 de portée et 7 m. 60 de flèche ; le pont du Veurdre, sur l'Allier, près de Vichy, dont l'ouverture est de 73 mètres avec une flèche exceptionnellement basse de 5 mètres ; le pont de Walnut Lane, à Philadelphie, dont l'arche principale a 69 m. 90 d'ouverture ; le viaduc de Gründertobel, en Suisse, de 172 mètres de longueur, dont l'arche principale a 79 mètres d'ouverture et le tablier supporté par l'arc par l'intermédiaire de colonnettes ; le pont de Pasadena, en Californie, établi en courbe, d'un développement de 447 m. 75 sur neuf arches à deux anneaux, une de ces arches ayant 68 mètres de portée.

En 1921, les records de portée pour arcs en béton armé étaient détenus en France par le pont de la Balme, dont l'arc très surbaissé a 95 mètres d'ouverture et 9 mètres de flèche ; en Suisse, par le viaduc de Langwies, d'une ouverture de 98 m. 50 ; en Europe, par le pont du Risorgimento, sur le Tibre, à Rome, à arc de 100 mètres de portée et de 10 mètres de flèche, remarquable par son allure harmonieuse et la grande largeur de son tablier. Enfin le record du monde appartenait aux États-Unis, avec le pont sur le Mississipi à Minnéapolis ; cet ouvrage, d'une longueur totale de 314 m. 90, comporte une arche centrale de 121 m. 90 de portée et deux arches de rive de 60 m. 65.

Depuis, ce record est rentré en France avec le pont-route de Saint-Pierre-du-Vauvray, près de Rouen, construit par M. Limousin. C'est un pont en arc de 131 m. 80 d'ouverture. Il est constitué par deux arcs paraboliques creux de section rectangulaire, auxquels le tablier est suspendu par quarante tirants en acier.

On avait également entrepris en France, en 1914, la construction d'un pont en béton armé pour la voie ferrée de 1 mètre de Balbigny à Régny (Loire), qui comportait une arche de 170 mètres de portée et 29 m. 65 de flèche et viaduc d'accès également en béton armé. La guerre a interrompu les travaux, qui n'ont pas encore été repris par suite du décès de l'entrepreneur.

UN PONT EN BÉTON DE CIMENT NON ARMÉ. Le même constructeur, M. Limousin, vient également, sur les plans de son ingénieur M. E. Freyssinet, d'établir le record de la construction des ponts en ciment *non* armé à Villeneuve-sur-Lot. L'ouvrage comporte deux arcs de rive surbaissés sur lesquels est construit le tablier. La portée est de 98 mètres à la naissance des arcs et la flèche de 14 m. 45 mesurée à la hauteur de l'étiage. Les arcs ont été décintrés suivant un procédé nouveau et très original qui consiste à les soulever à l'aide de vérins au-dessus du cintre au lieu d'abaisser celui-ci comme dans la méthode ordinaire.

CHAPITRE III

LES CANAUX

Généralités, définitions. ‖ Écluses. ‖ Le canal de Suez. ‖ Le canal de Panama. ‖ Le canal de Kiel. ‖ Le canal de Marseille au Rhône.

GÉNÉRALITÉS. — DÉFINITIONS ø ø Qu'il soit réservé à la navigation intérieure ou à la navigation maritime, un canal est toujours une voie d'eau artificielle plus ou moins importante établie d'après des principes identiques. Avant de parler des grands canaux maritimes, nous allons rappeler

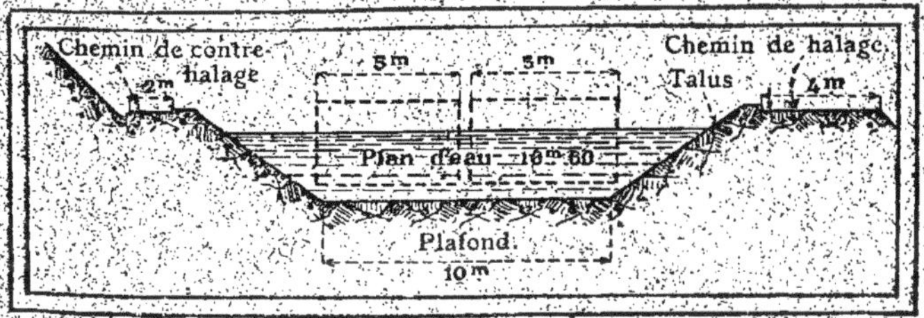

Fig. 38. — *Un canal moderne. Coupe transversale.*

les éléments de construction des canaux intérieurs en définissant les ouvrages qui les accompagnent (fig. 38).

Dans un canal — ou chenal — le lit s'appelle le *plafond*; sa largeur est généralement de 10 mètres dans la navigation intérieure. De chaque côté s'élèvent les *talus*, dont la pente est variable selon les terrains ; cette pente se prolonge au-dessus du *plan d'eau* jusqu'à une hauteur de 0 m. 70 à laquelle sont établies les plates-formes qui constituent les *chemins de halage*. Le *mouillage*, qui est la hauteur entre le plafond et le plan d'eau, est de 2 m. 20 dans les canaux français, et le *tirant d'eau*, hauteur entre le plan d'eau et la base des chalands, est de 1 m. 80. Les talus et le plafond constituent la *cuvette* du canal.

Les canaux sont alimentés par des *réservoirs* établis à une altitude telle que l'eau, amenée par des *rigoles d'alimentation*, puisse se déverser dans le canal en son point le plus élevé. Comme un canal dépense d'autant plus d'eau que son trafic est plus intense et qu'il comporte un plus grand nombre d'écluses, on est souvent conduit à utiliser des installations hydrauliques, mécaniques ou électriques, pour faire l'appoint d'eau dans les réservoirs eux-mêmes ou dans le canal. Dans ce dernier cas, chaque écluse comporte alors une sous-station électrique qui prélève l'eau dans le bief aval et la refoule dans le bief amont (un *bief* est la portion de canal comprise entre deux écluses successives).

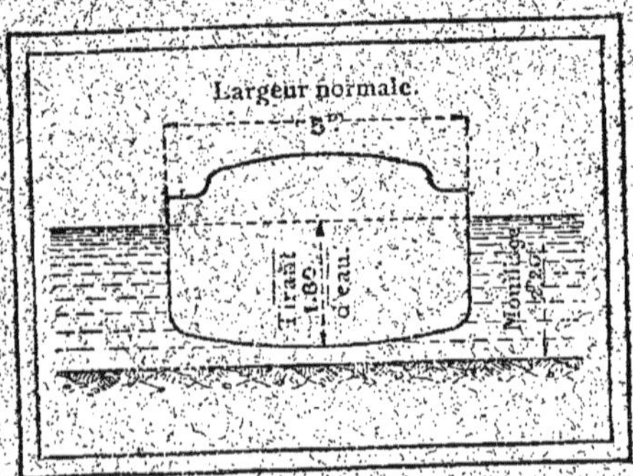

Fig. 39. — *Position d'un chaland en navigation.*

Lorsqu'un canal peut être établi sur tout son parcours à une même altitude, la dépense en eau est insignifiante, le plan d'eau étant invariable sur toute la longueur. Mais, le plus souvent, le canal rencontre des dénivellations de terrain très prononcées ; son profil est alors constitué par une succession de biefs plus ou moins étendus dans lesquels le plan d'eau est maintenu constant. Le bief le plus élevé du canal (*bief supérieur*) reçoit l'arrivée de l'eau d'alimentation, qu'il distribue aux deux biefs avoisinants au fur et à mesure de leurs besoins. Les chalands passent d'un bief à l'autre à l'aide d'*écluses*.

ÉCLUSES. ❧ ❧ Une écluse comporte un bassin appelé *sas*, fermé par deux portes, capable de contenir au moins un chaland (fig. 40) ; les murs parallèles qui le limitent à droite et à gauche sont les *bajoyers*. Le sol du sas, le *radier*, toujours maçonné, est à la même hauteur que le fond de la cuvette du bief aval. Les portes, à deux vantaux, qui ferment le sas, le mettent en communication l'une avec le bief amont, l'autre avec le bief aval. Les vantaux se déplacent en tournant sur un axe vertical. Lorsque la porte est ouverte, chaque vantail se loge dans une cavité appelée *enclave* ménagée dans la portion du bajoyer qui forme la *chambre des vantaux* (fig. 40).

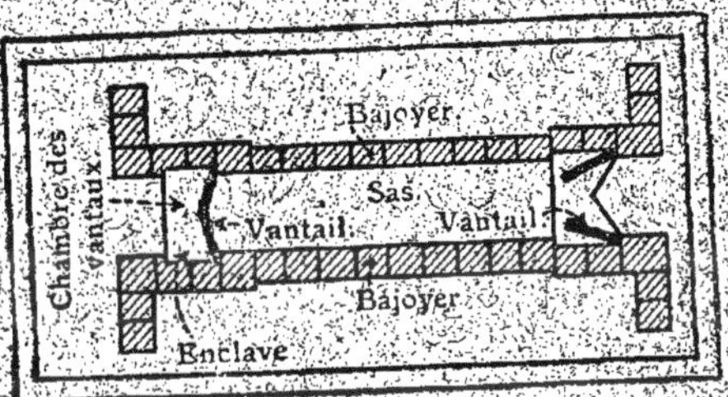

Fig. 40. — *Écluse vue en plan.*

La *chute de l'écluse* est représentée par la différence du plan d'eau entre les deux biefs et le *mouillage* par la différence de hauteur entre le niveau aval et le radier de l'écluse. Enfin le passage d'un bateau par une écluse s'appelle le *sassement*. Normalement la porte amont d'une écluse est toujours fermée, tandis que la porte aval est toujours ouverte.

Fig. 41. — *Coupe d'une écluse.*

Quand un bateau venant du bief aval se présente pour franchir l'écluse, il pénètre librement dans le sas, et on ferme la porte derrière lui. On remplit ensuite le sas en le mettant en communication avec le bief supérieur, et, lorsque le niveau de l'eau a atteint la cote de la retenue amont, on ouvre les vantaux de la porte amont pour que le bateau puisse pénétrer dans le bief.

Si un bateau veut passer du bief amont au bief aval, les manœuvres contraires s'exécutent. On commence par fermer la porte aval, puis on remplit d'eau le sas et on ouvre la porte amont. Le bateau passe dans le sas. On ferme ensuite la porte amont et on met le sas en communication avec le bief aval. Quand le niveau de l'eau contenu dans le sas est descendu au même plan que celui du bief aval, on ouvre la porte, et le bateau peut continuer sa route.

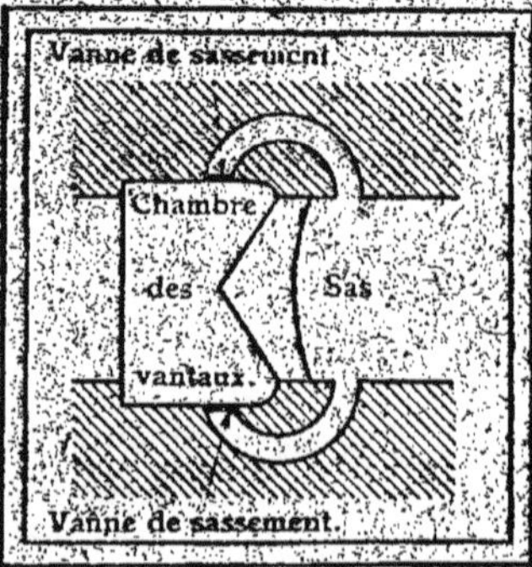

Fig. 42. — *Aqueducs simples reliant la chambre des vantaux et le sas.*

Pour remplir et vider le sas, plusieurs dispositifs sont employés. Le plus simple est le système des *ventelles*. Ce sont des portes mobiles de l'extérieur, ménagées dans la partie basse des vantaux ; on les soulève à l'aide d'une crémaillère, et l'eau pénètre dans le sas ou s'en échappe par la base.

Dans les écluses nouvelles, on établit, pendant la construction des bajoyers, des aqueducs prenant naissance au fond de la chambre des vantaux et débouchant dans le sas, à la hauteur du radier (fig. 42). Ces aqueducs sont fermés par des *vannes* dites de *sassement*, que l'on ouvre pour remplir ou vider le sas. Avec ce système, comme avec le précédent, d'ailleurs, le remplissage du sas s'effectuant toujours par l'amont détermine un fort courant et provoque de violents remous nuisibles aux bateaux. On a été conduit, pour éviter cet inconvénient, à établir des *aqueducs longitudinaux* (fig. 43) qui prennent naissance dans la chambre des vantaux de tête, se prolongent le long des bajoyers et se terminent à l'origine du bief aval. Les vannes d'amont servent au remplissage et celles d'aval à la vidange. Les aqueducs communiquent avec le sas par des orifices débouchant au niveau du radier, auxquels on donne le nom de *larrons*. L'eau pénètre ainsi dans le sas sur toute la longueur du radier à la fois.

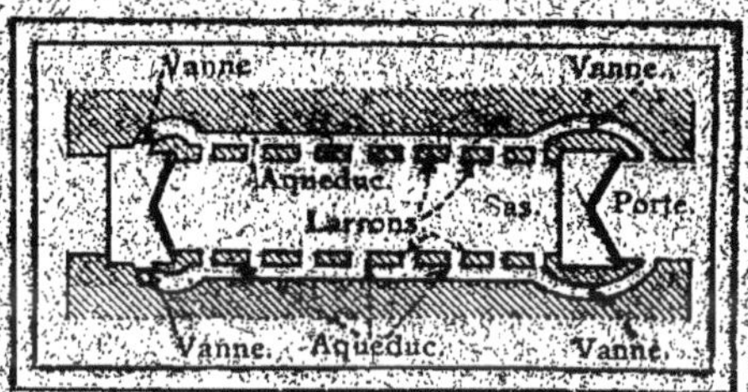

Fig. 43. — *Aqueducs longitudinaux ménagés dans les bajoyers.*

A chaque sassement, on dépense un volume d'eau considérable. Afin de réaliser quelque économie, on a construit, à côté des écluses, des *bassins d'épargne* (fig. 44) communiquant avec le sas par un aqueduc pourvu d'une vanne. Admettons que l'on veuille écluser un bateau descendant. Le sas étant plein et le bassin vide, on ouvre la vanne de l'aqueduc et le sas se vide à moitié dans le bassin (s'ils ont tous deux la même superficie). On ferme ensuite la vanne et on laisse le sas achever de se vider dans le bief aval. La moitié d'une éclusée a donc été mise en réserve. Si l'on veut de nouveau remplir le sas pour faire passer un bateau montant, on ouvre la vanne de l'aqueduc après l'entrée du bateau dans l'écluse, et la moitié de l'eau de réserve passe dans le sas. Cette fois, l'économie est d'un quart de l'éclusée.

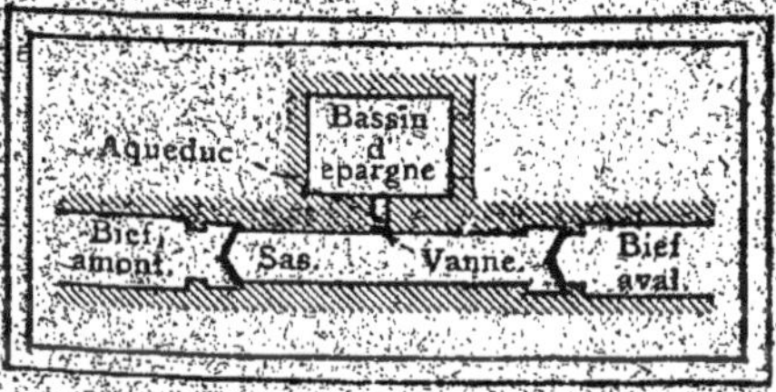

Fig. 44. — *Écluse avec bassin d'épargne.*

Ces notions élémentaires que nous avons cru devoir rappeler avant d'aborder l'étude des grands canaux maritimes nous permettront de comprendre aisément les travaux auxquels ces canaux ont donné lieu et les améliorations apportées dans leur aménagement.

CANAL DE SUEZ. ❧ ❧ Bonaparte partant pour l'Égypte avait reçu l'ordre de la Convention d'étudier l'ancien canal des Pharaons, creusé entre le Nil et la mer Rouge. Il chargea Lepère d'en retrouver le tracé et de procéder à des études de nivellement entre les deux mers. Malheureusement Lepère, à la suite d'opérations trop hâtives, conclut à l'existence d'une différence de niveau de 9 m. 90 entre la Méditerranée et la mer Rouge. Cette erreur retarda de soixante-dix ans le percement de l'isthme.

Tous les savants, entre autres Laplace, n'ayant pas accepté les conclusions de Lepère, de nouvelles opérations de nivellement furent décidées et entreprises en 1847 par un groupe d'ingénieurs français et égyptiens qui reconnurent l'erreur commise et en appelèrent à Ferdinand de Lesseps.

L'histoire du percement du canal de Suez appartient plus à la politique étrangère qu'à l'art de l'ingénieur. L'Angleterre nous créa des difficultés inouïes, qu'il fallut aplanir au prix d'efforts sans nombre. Nous ne rappelons ce fait que pour faire ressortir la ténacité, la volonté indomptable d'aboutir qui anima Ferdinand de Lesseps pendant toute la durée de l'exécution des travaux.

La mission d'ingénieurs débarqua à Alexandrie en novembre 1855. Elle se mit aussitôt à l'œuvre en exécutant dix-neuf sondages entre la mer Rouge et la Méditerranée pour reconnaître la nature des terrains. Puis on décida de creuser tout d'abord un canal destiné à assurer l'approvisionnement des travailleurs en eau douce. L'ancien canal de Moïse prenant l'eau du Nil à Zagazig et allant jusqu'à Ras-el-Ouady, fut prolongé jusqu'à Timsah, milieu de l'isthme, et de là à Suez, en suivant approximativement le tracé du futur canal maritime. Une seconde prise d'eau sur le Nil aboutit à Abou-Ahmad. Ces canaux, qui existent toujours, ont 8 mètres au plafond et 17 mètres de largeur au plan d'eau, sur 2 mètres de profondeur.

Les travaux de terrassement du canal maritime ont été grandement facilités par la nature du sol, sablonneux ou formé des alluvions des deux mers qui, en se retirant sous l'action de leurs propres dépôts, ont réuni l'Asie à l'Afrique par cet isthme de 113 kilomètres d'étendue, en ligne droite.

Le canal s'étend sur 161 kilomètres, dont 100 environ sont au-dessous du niveau de la mer. Le point culminant est le seuil d'El-Guisr, à 19 mètres au-dessus du niveau de la mer sur une longueur de 14 kilomètres (fig. 45).

Les travaux commencèrent au lac Timsah, dans les deux

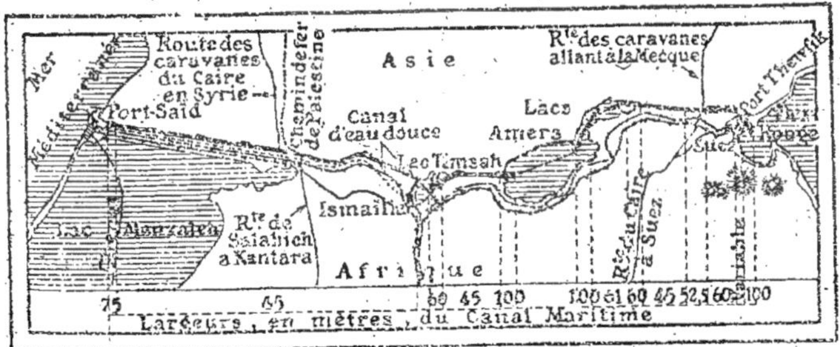

Fig. 45. — *Plan général du canal maritime de Suez.*

directions ; mais la section du côté de la mer Rouge ne fut continuée que plusieurs années ensuite. Puis il fallut aménager la plage de Port-Saïd pour permettre aux navires venant d'Europe de débarquer le matériel. Un appontement sur pilotis, s'avançant de 450 mètres en mer, était terminé en 1862 ; il fut prolongé ensuite par une digue pendant que la jetée occidentale entrait en construction. Un port nouveau naissait donc aux marches de l'Orient (fig. 46).

Le canal maritime, d'abord creusé sur 8 mètres de largeur et 1 m. 20 de profondeur seulement, servit au transport des matériaux et au ravitaillement des divers chantiers. Un autre chenal de 29 mètres de largeur et de 1 m. 50 de profondeur fut ensuite tracé parallèlement au premier, du côté de l'Orient. Puis les tranchées transversales, peu à peu élargies, réunirent les deux canaux pour n'en plus faire qu'un seul,

Les difficultés politiques avaient eu une répercussion désastreuse sur le recrutement du personnel ouvrier que l'Égypte s'était engagée à nous fournir et qu'elle dut nous refuser sous la pression des menaces anglaises. Ferdinand de Lesseps dut adresser un appel à l'industrie française pour la fourniture de machines de terrassement. Alors apparurent pour la première fois sur les chantiers des dragues de grande puissance avec chasse d'eau portant au loin les déblais, des élévateurs, des excavateurs travaillant à la fois dans l'eau et dans les terrains secs, qui eurent raison de 70 millions de mètres cubes de terrassement que représente la fouille du canal.

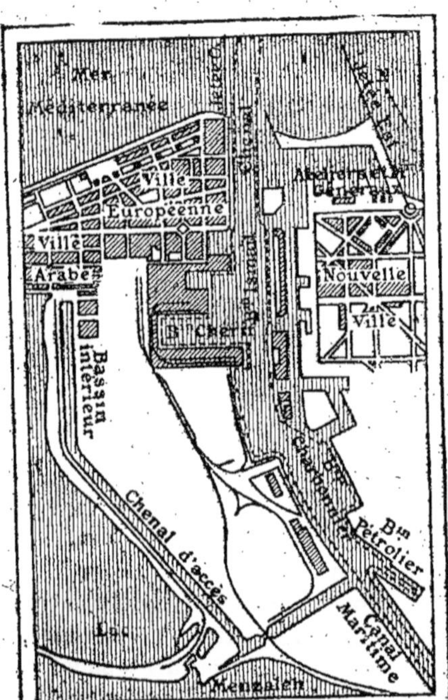

Fig. 46. — *Plan du canal de Suez à Port-Saïd.*

A l'époque de l'inauguration, le 17 novembre 1869, le canal maritime de Suez avait une profondeur de 8 mètres et une largeur de 22 mètres au plafond. Il avait coûté 369 millions.

Depuis lors, cette belle voie maritime n'a cessé d'être améliorée, en raison de l'augmentation incessante du cube et du tonnage des navires qui l'empruntent pour se rendre en Asie ou en Europe. On estime que 70 autres millions de mètres cubes de terrassements ont été enlevés depuis 1869. Aux 164 kilomètres de longueur du début sont venus s'ajouter 4 kilomètres représentant l'allongement des chenaux en Méditerranée et dans la mer Rouge.

C'est un canal à niveau, sans aucun ouvrage spécial. Sa profondeur actuelle est de 11 mètres, et les travaux en cours sont destinés à l'approfondir jusqu'à 12 mètres. Alors qu'au début les navires ayant un tirant d'eau supérieur à 7 m. 50 ne pouvaient être admis, on accepte aujourd'hui des paquebots de 9 m. 45 de tirant d'eau et bientôt ceux de 9 m. 75 et même de 10 m. 06.

La largeur du plafond est de 60 mètres dans toute la partie Nord ; elle atteint même 100 mètres sur une douzaine de kilomètres. A la ligne d'eau, cette largeur, qui dépend de l'inclinaison des talus, varie de 95 mètres à 160 mètres.

Nous n'insisterons pas sur son tracé général, la carte que nous en publions étant suffisamment explicite. Remarquons simplement que toute la partie asiatique du lac Menzaleh a été comblée et que les lacs Amers sont utilisés comme bassins. D'autre part, le port de Suez a été abandonné et remplacé par un port nouveau, Port Thewfik, qui termine le canal sur la mer Rouge.

CANAL DE PANAMA. ❧ ❧ Le canal de Panama prend son origine à Colon, sur l'Atlantique, traverse le seuil de Loma del Mono, suit la vallée du Chagres jusqu'à Matachin, tranche la Cordillère au col de la Culebra, suit le Rio Grande et aboutit au Pacifique près de Panama, en face de Périco. La direction générale est celle du Nord-Ouest au Sud-Sud-Est ; sa longueur totale est de 73 kilomètres.

Le projet primitif attribuait au canal une largeur de 22 mètres au plafond, une profondeur de 8 m. 50, sauf au passage de la Cordillère, où, sur une longueur de 25 kilomètres, il devait avoir un plafond de 24 mètres et une profondeur de 9 mètres. Comme celui de Suez, il devait être un canal à niveau à une voie avec six gares de croisement Enfin une porte de marée, véritable écluse, construite près de Panama, devait mettre le canal à l'abri des différences de niveau entre les marées des deux océans.

Mal engagée financièrement, l'entreprise française fut également mal conduite au point de vue technique. Après avoir extrait 50 millions de mètres cubes de terrassement sur les 120 millions qui étaient à enlever, nos ingénieurs durent abandonner les chantiers. On sait que l'œuvre fut reprise par le gouvernement des États-Unis, qui en confia l'exécution au colonel Gœthals, lequel modifia le profil du canal en y ajoutant des écluses (fig. 44).

Aux 65 kilomètres de longueur qu'il mesure sur la terre

Fig. 47. — *Profil en long du canal de Panama.*

ferme, le canal est prolongé en mer, de part et d'autre, par 16 kilomètres de chenaux maritimes ; sa profondeur est de 13 m. 70 avec un minimum de 12 m. 20. Les eaux du Chagres dont le canal coupe 28 fois le cours sinueux, retenues par le barrage de Gatun, alimentent ainsi le canal par l'intermédiaire d'un lac artificiel dont le plan d'eau est à la cote 25,90. Ce bief, limité par les deux écluses de Gatun et de Pedro-Miguel, a une longueur de 51 kilomètres, et sa largeur, au plafond, varie entre 200 et 300 mètres. Dans la tranchée de la Culebra, cette largeur est de 91 m. 50.

Vers le Pacifique, la descente du bief s'effectue par l'écluse de Pedro-Miguel, qui a 9 m. 15 de chute, à laquelle fait suite un second bief de 2 kilomètres seulement de longueur et dont le plan d'eau est à la cote 16,75. Un groupe de deux écluses séparées par un bief très court abaisse enfin le plan d'eau du canal au niveau des eaux de l'océan Pacifique ; ce sont les écluses de Miraflorès, dont la hauteur de chutes est variable, puisqu'elle dépend des marées, qui atteignent 6 m. 10 au-dessus des basses eaux. Le chenal qui termine le canal depuis ces écluses a 12 kilomètres de longueur.

Du côté de l'Atlantique, le canal est au niveau de l'océan sur 11 kilomètres ; il franchit ensuite le groupe des trois écluses de Gatun pour atteindre le bief supérieur.

Les grands ouvrages d'art sont donc représentés par le barrage et le déversoir de Gatun et les écluses ; il convient d'y ajouter l'exécution de la tranchée de la Culebra. Nous décrirons le barrage dans le chapitre réservé à ces sortes d'ouvrages.

Ainsi que nous l'avons vu, les écluses sont partagées en trois groupes : un à Gatun de trois écluses, un à Pedro-Miguel d'une seul écluse et un à Miraflorès de deux écluses. Ce sont les plus grandes du monde.

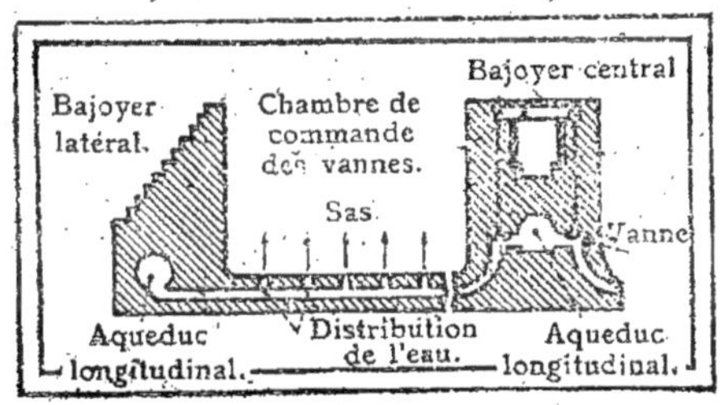

Fig. 48. — *Coupe transversale de l'écluse de Gatun.*

La grande largeur du canal permet la navigation continue dans les deux sens ; il était donc nécessaire d'adapter les écluses à ce mode d'exploitation intensif en usant du système d'écluses jumelées, à deux sas séparés par un bajoyer central, l'un étant réservé aux navires passant de l'Atlantique au Pacifique et l'autre à ceux se rendant du Pacifique à l'Atlantique. Il est d'ailleurs toujours possible d'effectuer le sassement de tous les navires, quelle que soit leur direction, par une même écluse si la voisine est en réparation.

Les dimensions de ces ouvrages sont considérables : leur longueur est de 305 mètres et la largeur de chaque sas de 33 m. 53. Le bajoyer central est une énorme maçonnerie de 18 m. 30 d'épaisseur ; les autres ont 15 m. 24 à la base. Quant au radier, dont l'épaisseur dépend de la nature du sol sur lequel il repose, sa largeur varie de 110 à 120 mètres.

La grande longueur des sas pourrait surprendre si nous ne disions qu'ils sont séparés en deux par une porte centrale permettant d'écluser deux navires à la fois lorsqu'ils ont moins de 150 mètres de longueur.

Dans chaque groupe d'écluses, le bajoyer central est encore prolongé de 300 mètres à l'amont et à l'aval de l'ouvrage ; on constitue ainsi des sortes de ports d'attente pour les navires se présentant à l'éclusage.

Le remplissage des sas et leur vidange s'effectuent par l'intermédiaire d'aqueducs établis dans les bajoyers pendant leur construction. Ainsi que l'indique le dessin en coupe (fig. 48), un canal de même section que celle des souterrains tubulaires des métropolitains court sur toute la longueur du bajoyer central ; il mesure 5 m. 685 dans sa plus grande largeur et communique par des canaux latéraux pourvus de vannes avec dix canaux transversaux s'étendant sous chaque sas. Dans les bajoyers latéraux, l'aqueduc longitudinal est à section circulaire de 5 m. 485 de diamètre. De cet aqueduc partent encore dix canaux latéraux, qui se prolongent également sous le radier du sas et alternent avec les précédents. Le diamètre de ces conduits inférieurs est de 1 m. 98. Chacun d'eux s'ouvre dans le sas, à travers le radier, par des ouvertures circulaires situées à 5 m. 485 l'une de l'autre, d'axe en axe. L'eau pénètre dans les sas par ce système de canalisations et s'en échappe de même ; comme les énormes bouillonnements qui se produisent pourraient devenir dangereux pour les navires qui les supportent, il a été décidé d'en limiter le débit, qui est calculé de telle sorte que le remplissage s'effectue à raison de 0 m. 61 de hauteur par minute.

Chaque sas contenant 90 000 mètres cubes d'eau, le remplissage s'effectue en quinze minutes, à raison de 110 mètres cubes par seconde. Dans ces conditions, l'éclusage d'un navire dure une demi-heure environ.

Le groupe des trois écluses de Gatun est des plus intéressant : notre dessin (fig. 49) montre la demi-longueur de l'une de ces écluses. Chaque sas est divisé par des portes

(Cl. Chusseau-Flaviens.)

CANAL DE SUEZ

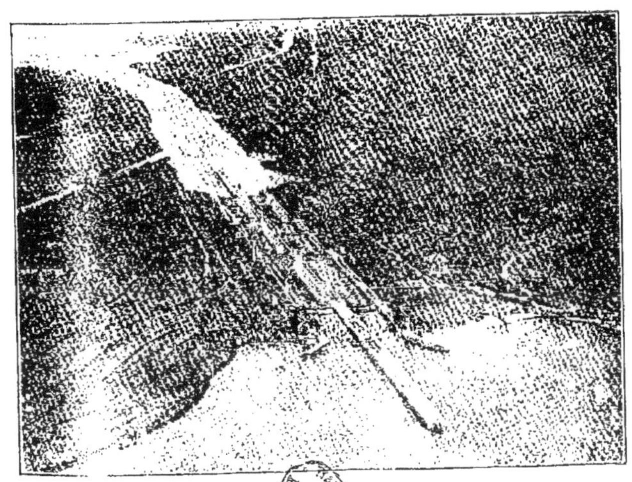

CANAL DE PANAMA
UNE ÉCLUSE, VUE PRISE EN AVION.

(Cl. Tenkler.)

CANAL DE KIEL.

CANAL DE MARSEILLE AU RHONE
Les travaux de construction.

en trois sections indépendantes. En avant se trouve un barrage de sécurité qui interviendrait en cas d'accident, derrière lequel des chaînes B, gisant au fond du sas, peuvent être relevées pour arrêter l'élan d'un navire avant qu'il atteigne les portes doubles C et D. Ce premier sas (supérieur) est encore pourvu de portes intermédiaires E également garanties par des chaînes B. Ces dernières portes et leurs chaînes n'interviennent que pour l'éclusage des navires de moyen tonnage ; elles permettent une notable économie d'eau.

Les portes de ces écluses sont des constructions métal-

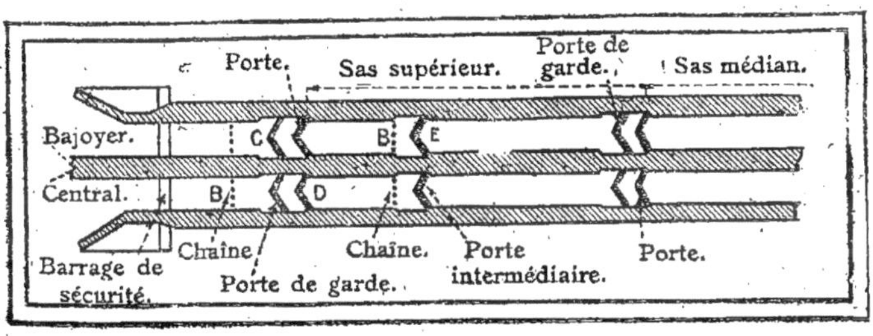

Fig. 49. — *Écluses de Gatun, vue en plan de la portion amont.*

liques extrêmement robustes. Les dimensions varient avec les écluses ; les plus petites ont 14 m. 45 de hauteurs : celle de l'extrémité aval du groupe de Miraflorès ont 25 mètres. Un petit vantail pèse 300 tonnes, les plus grands 750 tonnes. Le poids total des quarante-six portes d'écluses du canal est de 60 000 tonnes.

L'épaisseur de chaque vantail est de 2 m. 18 et sa largeur de 19 m. 81. Dans cette épaisseur est ménagé un compartiment étanche et plein d'air pour augmenter la flottabilité du vantail ; ce compartiment est divisé en trois sections indépendantes, de telle sorte que, si un accident survenait à l'une d'elles, les deux autres conserveraient leur étanchéité.

La manœuvre de ces ponts est assurée par de puissants moyens mécaniques. A chaque vantail est attelé en effet un moteur électrique de 35 chevaux, qui agit sur une énorme bielle actionnée par des roues d'engrenages.

Le halage des navires dans les écluses s'effectue à l'aide de locomotives électriques, à raison de quatre par navire : deux à l'avant et deux à l'arrière, circulant sur des voies établies sur chaque bajoyer ; les locomotives d'arrière interviennent seulement pour maintenir le navire dans l'axe de l'écluse.

La construction des écluses et du barrage de Gatun a absorbé 3 millions de mètres cubes de maçonnerie, dont la plus grande partie en béton de ciment.

Pour amener les matériaux : ciments, sable et cailloux, le plus près possible de leur lieu d'utilisation, on construisit un petit port à l'extrémité de la portion française du canal. Pour le déchargement des navires, on utilisa des transporteurs funiculaires dont les bennes, circulant sur des câbles, étaient actionnées par des moteurs électriques de 150 chevaux. Le sable et les cailloux étaient déposés en tas séparés et le ciment mis sous des hangars, non à même sur le sol, mais sur des plates-formes surélevées comportant des trappes par lesquelles ces matériaux étaient chargés sur des wagons les transportant jusqu'aux chantiers de construction.

Là, le béton fabriqué dans huit bétonnières était livré à pied d'œuvre par de nouveaux transporteurs à bennes actionnées électriquement. Les pylônes supportant les câbles des transporteurs étaient eux-mêmes montés sur rails et pourvus de moteurs électriques pour faciliter leur déplacement sur toute la longueur des chantiers. On construisait 1 800 mètres cubes de maçonnerie par journée de neuf heures.

A l'écluse de Pedro-Miguel, on a constitué des approvisionnements de cailloux et de sable sur des estacades établies dans le fond du canal. Entre elles circulait le train de ciment. Des ponts roulants de 46 mètres de portée enlevaient ces matériaux et les déversaient directement dans des bétonnières installées dans les pylônes mêmes de ces ponts. Des wagons prenaient ensuite le béton, le conduisaient dans les sas et des bennes mues électriquement le déposaient à l'endroit voulu.

Un mot encore sur la tranchée de la Culebra, qui a été la pierre d'achoppement de l'entreprise française. Cette tranchée a dû être ouverte sur 12 kilomètres de longueur et un maximum de 74 mètres de profondeur à travers des terrains sans consistance. Aussi les éboulements se sont-ils produits sans discontinuer, pour ainsi dire, depuis le premier coup de pioche ; à tel point qu'ils ont nécessité l'enlèvement de 22 millions de mètres cubes de terrassements supplémentaires.

On utilisa des excavateurs à cuillère munis de poches

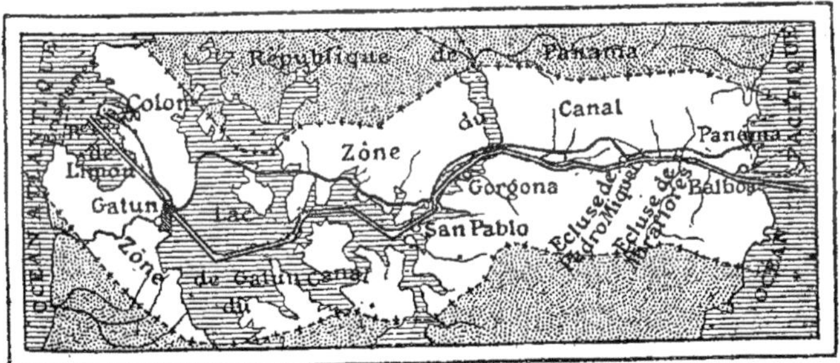

Fig. 50. — *Vue en plan du canal de Panama et de la zone du canal.*

d'une contenance de 1 mètre cube. Les roches furent désagrégées à la dynamite et les débris transportés partiellement à Gatun, où ils ont servi à la construction du barrage ; le reste fut mis en dépôt sur l'un et l'autre versant de la Cordillère. Il a été extrait de cette tranchée 95 millions de mètres cubes de déblais.

L'aménagement maritime du canal de Panama est complété par trois formes de radoub dont une, celle de Mount-Hope, de 91 m. 50 de longueur et 15 m. 25 de largeur, fut construite par la compagnie française. Les deux autres sont établies à Balboa ; la plus grande a 305 mètres de longueur, 33 m. 55 de largeur et 10 m. 67 de tirant d'eau. Elles sont destinées aux réparations des navires transitant par le canal.

A Cristobal est installé un dépôt de charbon pouvant en

contenir 200 000 tonnes. Près de la forme de radoub de Balboa se trouve également un second dépôt de 100 000 tonnes. Enfin, à chacun de ces points sont encore construits des réservoirs pour 40 000 barils de pétrole.

Pour terminer le canal de Panama, le gouvernement américain a dépensé 1 876 millions de francs, dont 68 millions pour le barrage de Gatun et 129 millions pour les écluses, 40 millions pour la tranchée de la Culebra, 63 millions pour l'écluse de Pedro-Miguel, 99 millions pour celles de Miraflorès, 100 millions pour les travaux sanitaires et l'administration civile, 200 millions d'indemnité à la compagnie française. D'autre part, les dépenses de la compagnie française se sont élevées à 1 479 millions, et on compte 70 millions pour les travaux de fortification. Le percement de l'isthme de Panama a donc coûté la somme formidable de 3 325 millions de francs, soit 41 millions et demi par kilomètre.

LE CANAL DE KIEL. ❧❧ Le canal de Kiel, à la fois économique et militaire, est destiné aux navires se rendant de la mer du Nord à la Baltique, et *vice versa*, pour leur épargner le détour par les détroits entre la presqu'île du Jutland, la Norvège et la Suède. Sa construction avait été décidée dès 1860 ; mais les guerres de 1866 et de 1870 ainsi que l'opposition du grand état-major allemand la retardèrent jusqu'en 1878. Elle fut entreprise par le financier hambourgeois Dahlstrom, avec l'autorisation du gouvernement prussien, et c'est en 1886 seulement qu'une loi déclara le canal d'utilité publique permettant à la Prusse de prendre en mains l'entreprise.

Il part de Brunsbüttel, sur l'Elbe, et aboutit à Kiel sur la mer Baltique. C'est un canal à niveau de 93 km. 650 de longueur ; les deux écluses qui le terminent n'ont d'autre but que de le soustraire aux influences des marées de la mer du Nord et de la Baltique. Du côté de l'Elbe, les portes sont fermées la moitié du temps ; du côté de la Baltique, elles restent ouvertes trois cent quarante jours par an, les variations n'étant que de 0 m. 50 de part et d'autre du niveau moyen.

La profondeur est de 11 mètres au-dessous du plan d'eau et la largeur au plafond de 45 mètres dans les lignes droites. Les croisements de navires s'effectuent dans des gares espacées de 2 kilomètres en moyenne, ayant 450 mètres de longueur et 60 mètres de largeur au plafond. Le canal est alimenté par l'Eider, qui peut lui apporter 370 000 mètres cubes, et par la Baltique.

Sa construction a présenté d'assez grandes difficultés pour la traversée des régions marécageuses. Dans les marais de surface quelque peu consistante, on jetait des digues de chaque côté du tracé afin d'isoler la portion de marécage à creuser. Sous l'action du poids de ces digues, faites de sable, les matières se soulevaient, se desséchaient et pouvaient être facilement enlevées.

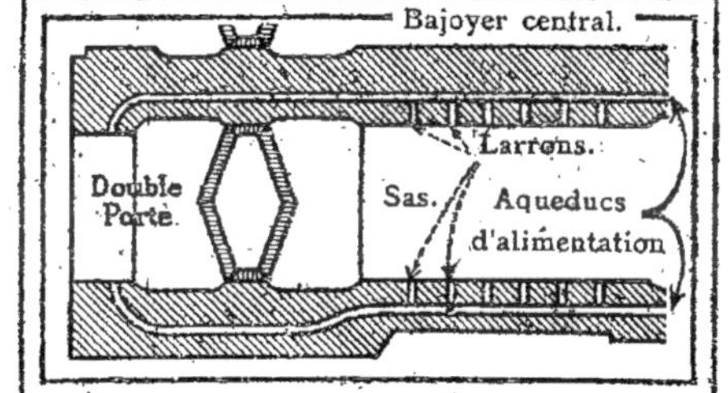

Fig. 51. — *Ecluse double du canal de Kiel.*

Lorsque le sol était trop mou, on construisait les digues en battant des pieux qui supportaient une voie ferrée étroite sur laquelle roulaient des wagonnets pleins de sable ; ce sable était déversé entre les pieux. Pour la traversée des lacs, les wagonnets porteurs de sable roulaient sur des voies installées sur des radeaux.

Les écluses sont à deux sas accolés, jumelés, comme à Panama (fig. 51). Elles sont assises sur un massif de béton de 2 m. 50 à 3 m. 50 d'épaisseur. Les bajoyers ont 215 m. 85 de longueur et chaque sas 25 mètres de largeur et 150 mètres de longueur entre les portes. Le radier et les murs sont faits en maçonnerie de briques et les angles en granit. Dans la construction de l'écluse de la Baltique, il est entré 5 500 mètres cubes de maçonnerie ordinaire, 70 000 mètres cubes de béton et 65 000 mètres cubes de briques. Elle a coûté 11 250 000 francs. Celle de Brunsbüttel a coûté 20 millions de francs, parce qu'il a fallu utiliser des caissons pour les fondations exécutées sous l'eau.

Les portes des écluses présentent une disposition spéciale. Il y a, dans chaque sas, trois portes doubles à deux vantaux, dont une au milieu ; elles s'ouvrent en sens inverse l'une de l'autre pour permettre la fermeture de l'écluse, quelle que soit la marée ; les portes intermédiaires facilitent la manœuvre des portes extrêmes. Elles sont actionnées par des moteurs hydrauliques ainsi que les cabestans de halage. Enfin le remplissage des sas s'effectue par des conduites ménagées dans les bajoyers.

LE CANAL DE MARSEILLE AU RHONE. ⌀ ⌀ Il semble que, après avoir décrit minutieusement les travaux du canal de Panama, rien d'autre ne soit plus intéressant. Nous allons voir que le canal de Marseille au Rhône mérite de figurer à côté des précédents par son étendue et par les importants ouvrages auxquels sa construction a donné lieu.

Le canal réunit le port de Marseille à Arles. Il part du bassin dit de remisage (Voir plus loin l'étude que nous consacrons au port de Marseille), longe la côte en mer à l'abri d'une digue de 5 kilomètres de longueur jusqu'au port de la Lave, pénètre sous la chaîne du Rove, qu'il traverse en souterrain sur une longueur de 7 118 mètres, s'ouvre ensuite une tranchée sur 2 kilomètres de longueur puis suit la rive Sud des étangs de Bolmon et de Berre jusqu'à Martigues. Là il emprunte le canal maritime de Martigues à Port-de-Bouc et ensuite le canal de navigation intérieure entre Port-de-Bouc et Arles, où il rejoint le Rhône par une écluse de 160 mètres de longueur de sas sur 14 mètres de largeur.

Ce canal, qui fait partie du projet en exécution d'agrandissement du port de Marseille, a une longueur totale de 81 kilomètres ; sur tout son parcours, son plan d'eau est au niveau de la mer, l'écluse d'Arles n'intervenant que pour racheter la différence de niveau entre la mer et le Rhône ;

cette dénivellation, de o m. 60 seulement en basses eaux, atteint 7 m. 16 en période de hautes eaux du fleuve (fig. 52).

En voie courante rectiligne, la largeur du canal est de 25 mètres à 2 mètres de profondeur. Entre Marseille et Port-de-Bouc, le mouillage est de 4 mètres et de 2 m. 50 entre Port-de-Bouc et Arles.

L'ouvrage le plus important que rencontre le canal est le

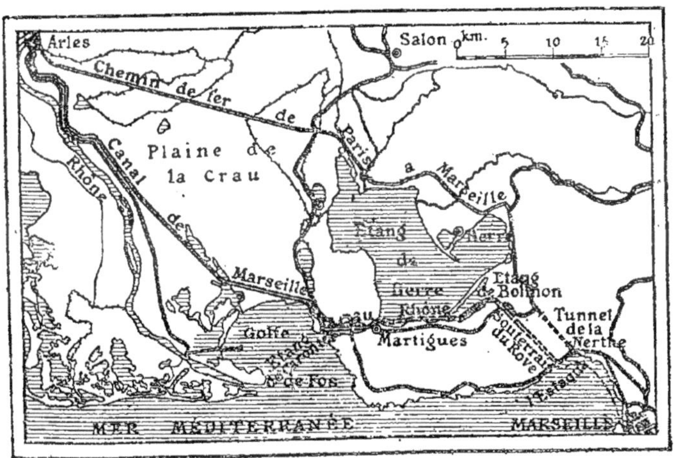

Fig. 52. — *Plan d'ensemble du canal de Marseille au Rhône.*

souterrain de Rove, qui mesure 7 118 mètres de longueur et 22 mètres de largeur, dont 18 mètres pour la cuvette, largeur suffisante pour permettre la navigation dans les deux sens. Il est le plus important de tous les ouvrages de ce genre qui aient été creusés jusqu'ici, sinon par sa longueur, du moins par son profil. Nous l'étudierons en détail dans notre chapitre sur les tunnels.

En quittant le souterrain, le canal franchit la tranchée de Gignac à une profondeur de 30 mètres et d'où l'on a encore extrait 1 200 000 mètres cubes de matériaux. Il atteint ensuite l'étang de Berre.

Le canal maritime, entre Martigues et Port-de-Bouc, aura

une largeur de 50 mètres au plafond et 10 mètres de profondeur au-dessous du zéro de la mer. Entre les crêtes des talus, la largeur sera de 120 mètres. Le canal pourra ainsi recevoir des cargos de 19 mètres de largeur et de 9 mètres de tirant d'eau venant de Port-de-Bouc. A la traversée de Martigues, les communications d'une rive à l'autre seront assurées par un pont mobile dégageant une passe de 10 mètres de profondeur et 40 mètres de largeur.

Nous aurons l'occasion de revenir sur ce canal maritime dans notre chapitre sur les ports.

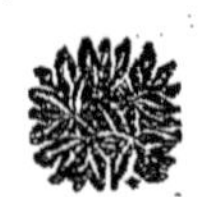

CHAPITRE IV

LES BARRAGES

Définitions et généralités. ‖ Classification des barrages. ‖ Barrages en terre. ‖ Barrages mixtes. ‖ Barrages en maçonnerie. ‖ Barrages-déversoirs. ‖ Barrages en béton armé. ‖ Barrage de Galveston.

DÉFINITIONS. GÉNÉRALITÉS. ⌀ ⌀ Les barrages ont pour objet la mise en réserve des débits surabondants des rivières ; on utilise ces réserves, soit à l'alimentation des villes, des canaux de navigation et d'irrigation, soit à la création de forces motrices pour le service d'usines hydro-électriques, soit à la régularisation du régime des rivières par l'atténuation de leurs crues et l'augmentation de leur débit d'étiage. Les barrages créent alors de véritables lacs artificiels, d'étendue et de capacité parfois considérables, qui leur ont valu le nom de *barrages-réservoirs.*

Les rivières barrées ont souvent des débits trop importants pour permettre d'emmagasiner les eaux des crues. Il faut alors accepter que les barrages eux-mêmes soient surmontés par le niveau des grandes eaux et fonctionnent comme de puissants déversoirs. Dans ce cas, on les appelle des *barrages-déversoirs.*

Lorsque les barrages sont établis sur des rivières à débit permanent important, pour le service des usines hydro-électriques construites à proximité de l'ouvrage ou même à l'intérieur du barrage lui-même, ou bien encore pour dériver une partie du débit sur des canaux d'amenée d'usines situées plus en aval, on leur donne le nom de *barrages-usines* ou de *barrages de prise d'eau.*

D'autres barrages ont pour rôle de créer des biefs de navigation par relèvement du plan d'eau ; ils reçoivent alors des dispositifs leur permettant de s'effacer plus ou moins complètement devant les crues ; ce sont les *barrages mobiles.*

Enfin lorsque les barrages sont établis à des altitudes très élevées sur l'exutoire des lacs naturels pour en augmenter la réserve par la relève de leur plan d'eau, ils prennent le nom de *barrages sur lacs-réservoirs.*

Dans la pratique, il n'existe pas de démarcation très nette entre les diverses catégories de barrages.

Pour réaliser un réservoir, quel que soit l'usage auquel on le destine il est nécessaire de s'assurer de la possibilité de construire le barrage. L'emplacement choisi doit satisfaire à un certain nombre de conditions assez difficiles à réunir. Il faut :

1° Trouver une gorge aussi resserrée que possible pour réduire l'importance de l'ouvrage en longueur ;

2° Que les flancs et le fond de cette gorge soient en roche très dure et imperméable, sans failles ni poches d'argile ;

3° Que la vallée s'épanouisse immédiatement en amont pour obtenir un réservoir de grande capacité sans être obligé de construire un barrage de trop grande hauteur ;

4° Que les terrains appelés à être submergés ne renferment pas d'habitations ou de propriétés de valeur, ni des voies de communication difficiles à dévier ;

5° Que le sous-sol de ces terrains soit assez imperméable pour éviter les pertes par fuites souterraines ;

6° Que les ressources hydrauliques de la région située en amont soient suffisantes pour remplir largement la capacité que l'on envisage.

On comprendra que les emplacements satisfaisant à toutes ces conditions soient assez rares ; c'est ainsi que, pour la Haute-Durance, sur une vingtaine de points primitivement retenus, dix-huit furent éliminés après un examen approfondi.

CLASSIFICATION DES BARRAGES. ⌀ ⌀ Au point de vue de la construction, on classe les barrages en :

Digues en terre ;
Digues mixtes, terre et maçonnerie ou béton ;
Digues en maçonnerie ou en béton ;
Digues en béton armé.

Les digues en terre sont généralement employées pour les retenues de faible et de moyenne hauteur. Pour les hauteurs moyennes, on s'est quelquefois arrêté aux digues mixtes, système qui a prévalu à l'étranger. Pour les grandes retenues, il faut recourir aux barrages en maçonnerie ou en béton. Enfin, tout récemment, des barrages de moyennes retenues ont été construits en ciment armé.

Les conditions locales interviennent d'ailleurs pour une bonne part dans le choix du type. C'est ainsi que la proximité de bonnes terres pour corrois et l'absence de bons matériaux pour maçonnerie conduiront à choisir de préférence le barrage en terre ou la digue mixte. Inversement, la présence d'une base solide et le voisinage de bonnes carrières détermineront la construction d'un barrage en maçonnerie ou en béton. L'éloignement, les difficultés d'approvisionnement militeront, par contre, en faveur du béton armé.

Il est à remarquer, d'autre part, que la digue en terre, ou la digue mixte, ne peuvent être construites que par des procédés empiriques, par comparaison avec d'autres ouvrages s'étant bien comportés. Dans les barrages en maçonnerie en béton ou en béton armé, on peut, au contraire, déterminer exactement par le calcul les efforts à supporter pour chaque partie de l'ouvrage. C'est pourquoi ces matériaux se sont imposés lorsqu'il a fallu aborder les grandes hauteurs.

BARRAGES EN TERRE. ⌀ ⌀ Le profil des barrages en terre exécutés en France varie peu d'un ouvrage à un autre. Sur la face amont, on trouve toujours un revêtement maçonné ou bétonné qu'impose l'action des vagues à tous les niveaux, au fur et à mesure du remplissage et de la vidange. Ce revêtement est généralement disposé en gradins suivant une ligne générale de talus à 3/2 (3 mètres de base et 2 mètres de hauteur). Cependant, pour les retenues de faible hauteur, le talus est souvent constitué par un simple revêtement en pierres sèches. Sur la face aval, on construit une succession de talus plus ou moins hauts séparés par des bermes plus ou moins larges. Le tout est revêtu d'un gazonnement donné par une bonne épaisseur de terre végétale.

Le couronnement a toujours au moins 4 mètres de largeur, tant pour constituer une masse suffisamment résistante à la partie supérieure de la digue toujours battue par les lames que pour assurer le passage d'une voie de service ou même d'une voie de communication. A peu près toujours, aussi, un solide parapet maçonné, ou tout au moins une forte banquette, couronne la tête du côté amont, augmentant la protection contre les lames et les embruns.

Au pied du talus amont se trouve un solide mur de garde en maçonnerie ou en béton, descendant jusqu'au terrain solide et imperméable à travers les couches perméables de la surface du sol. Ce mur sert à la fois de base au revêtement maçonné de la paroi amont et d'écran contre les infiltrations ; il est, à cet effet, doublé d'un corroi de terre glaise et de sable sur ses deux faces, celui du côté aval étant rattaché au profil général de l'ouvrage.

Sauf dans le cas de digues très longues ou de conditions spéciales de raccordement avec les rives, on donne à la digue une forme courbe en plan avec convexité vers l'amont. Si, en effet, pour une cause quelconque : fléchissement du sol de fondation, tassement, poussée de l'eau, la digue s'infléchit un peu vers l'aval, la convexité vers l'amont se prête à une compression des terres et s'oppose, par suite, à la production de fissures.

Les seules terres propres à la construction d'un de ces barrages sont celles de nature argilo-sableuse, comme présentant les qualités d'incompressibilité et d'étanchéité nécessaires. Le sable y doit dominer, autant que possible dans la proportion de deux tiers de sable pour un tiers d'argile. Pendant l'exécution des travaux, il faut veiller à ce que le remblai de la digue soit aussi homogène que possible afin d'éviter les infiltrations entre deux strates successifs. D'autre part, on supprime les infiltrations entre le terrain naturel et le remblai en enlevant la terre de la surface du sol, généralement perméable, pour atteindre nettement les couches compactes. Le mur de garde constitue d'ailleurs une protection très efficace.

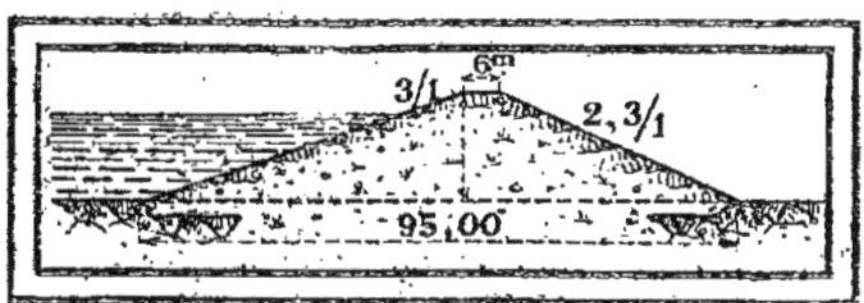

Fig. 53. — *Digue de Marmande.*

Les plus importantes de ces digues construites en France sont celle de Marmande (fig. 53), qui est l'une des plus anciennes ; celle de Montaubry (fig. 54), qui forme un réservoir de plus de 5 millions de mètres cubes; celle de La Liez (fig. 55), qui crée un réservoir de 16 100 000 mètres cubes ; celle de Vassy ; celle de Torcy-Neuf (fig. 56) avec son réservoir de 8 760 000 mètres cubes; celle des Charmes, dont le réservoir a une capacité de 11 millions de mètres cubes ; celle de Grosbois et surtout celle de la Vingeanne, qui a un développement de 1 250 mètres et à laquelle il a fallu donner, sur 356 mètres de longueur, une convexité vers l'aval pour faciliter son raccordement normal aux rives. Les

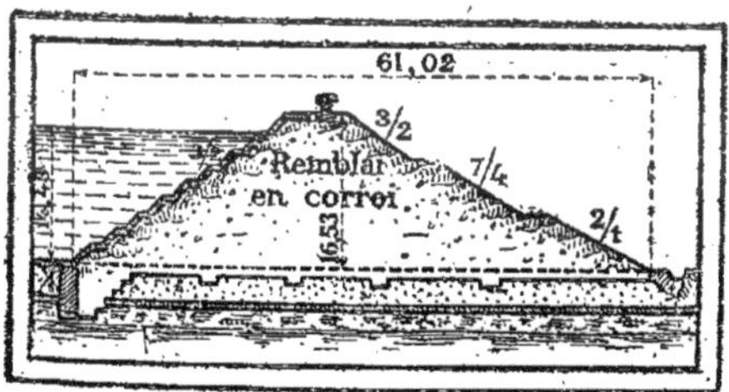

Fig. 54. — *Digue de Montaubry.*

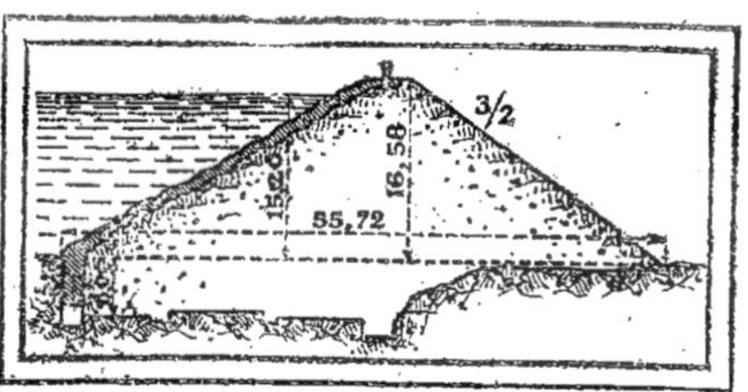

Fig. 55. — *Digue de la Liez.*

figures qui accompagnent ce texte nous dispensent de donner les cotes principales.

Les dispositions adoptées à l'étranger pour l'établissement des digues en terre sont assez différentes de celles que nous venons d'exposer.

Fig. 56. — *Digue de Torcy-Neuf.*

Celles du type anglais comportent un noyau central en argile corroyée formant écran aux infiltrations et s'enfonçant dans le sol jusqu'au terrain imperméable. En avant et en arrière sont disposés deux autres massifs de matériaux fins (terre végétale), serrés contre le noyau d'argile. Enfin d'autres matériaux, moins bien triés, complètent extérieurement la digue de

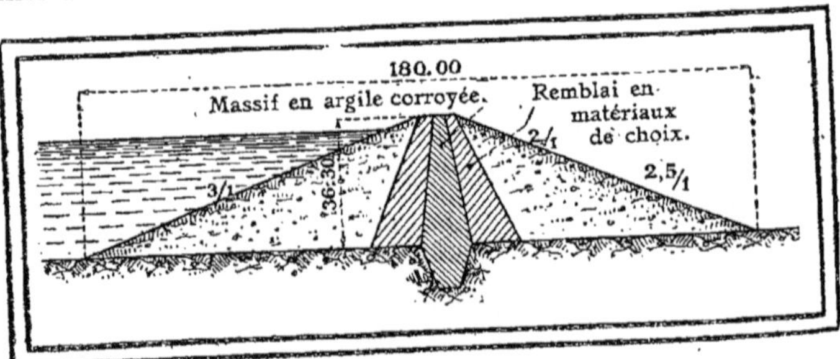

Fig. 57. — *Digue de Stockport.*

part et d'autre avec des talus très doux, surtout à l'amont où la pente généralement admise est de 3/1 au lieu de 3/2 dans le type français. L'étanchéité est donc demandée ici au massif central, tandis que la résistance est fournie par la masse qui l'enveloppe. La digue de Stockport caractérise nettement cette construction (fig. 57).

Un autre procédé de construction de digues en terre, paraissant appelé à se développer en Amérique, consiste dans l'apport de matériaux par la voie hydraulique.

On établit d'abord deux levées parallèles avec des blocs de pierre, des moellons, graviers, gros sables, fascines, etc. ; puis on remplit l'intervalle compris entre ces sortes de murs grossiers par des déblais transportés par de puissants courants d'eau coulant dans des caniveaux et des conduites montées sur des chevalets. On élève ces levées au fur et à mesure du remplissage. Les matériaux qui les constituent aissent filtrer les eaux transporteuses mais arrêtent les

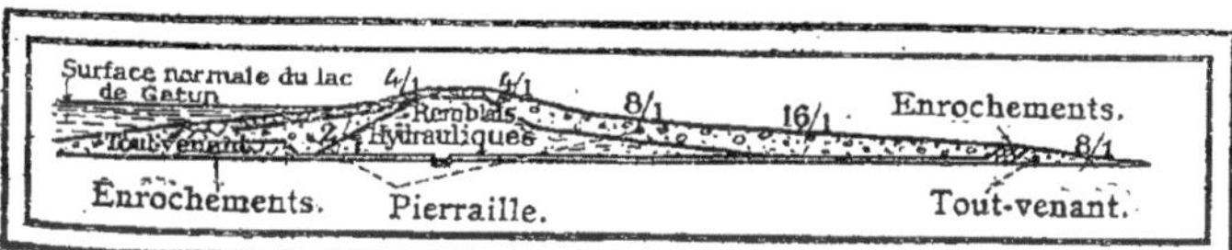

Fig. 58. — *Barrage de Gatun.*

particules solides pour former un noyau imperméable au centre de la future digue.

Ce genre de barrage a déjà fait l'objet d'applications très importantes, même pour des hauteurs de retenue que l'on n'aurait pas songé à atteindre avec des digues en terre ordinaires.

Citons, dans le genre, la digue de Nexaca (Mexique), qui a 59 mètres de hauteur, 16 m. 50 de largeur au sommet et 291 mètres à la base ; la grande digue de Calveras (Californie), qui doit être le plus haut barrage en terre du monde, a 73 mètres de hauteur ; malheureusement, un éboulement a retardé l'achèvement des travaux.

L'ouvrage le plus considérable de ce genre est celui de Gatun (fig. 58), établi en vue de l'alimentation du canal de Panama. Ce barrage a permis de créer un lac artificiel de 42 500 hectares de superficie emmagasinant les eaux du Chagres et de ses affluents, dont le débit est extrêmement irrégulier. Pour cette raison, le plan d'eau du lac n'a pu être maintenu invariable pendant toute l'année. En décembre, saison pluvieuse, il peut atteindre 0 m. 61 au-dessus de son niveau normal et descendre, en juillet, à 1 m. 06 au-dessous, sans que la navigation en souffre; on accumule ainsi, pendant l'hiver, une masse supplémentaire de 700 millions de mètres cubes qui fournissent un débit de 70 mètres cubes par seconde pendant la saison sèche, débit suffisant pour alimenter le canal, puisque le Chagres et ses affluents continuent à déverser dans le lac 48 mètres cubes par seconde en moyenne.

La longueur totale du barrage est de 2 245 mètres, y compris l'écluse et le déversoir ; mais la charge totale des 35 mètres de hauteur d'eau ne s'exerce que sur une longueur de 155 mètres, le sol se relevant rapidement de chaque côté des rives du torrent.

Il repose sur des alluvions très profondes, imperméables et incompressibles, et a été construit comme nous venons de l'expliquer par deux lignes d'enrochements, provenant de la tranchée de la Culebra, entre lesquelles on a versé, hydrauliquement, des déblais argilo-sableux. Son épaisseur à la base est de 800 mètres, de 120 mètres au plan d'eau et de 30 m. 48 à la crête. Son volume total est de 18 millions de mètres cubes.

Les ingénieurs ont estimé qu'il serait avantageux de diminuer l'étendue du déversoir en adoptant le système des vannes régulatrices distribuées sur une surface circulaire. Les eaux se déversent donc de toutes les vannes en se dirigeant vers un sommet commun sur lequel elles s'entrechoquent en amortissant leur violence de chute. Ce déversoir est constitué par un massif de béton surmonté de piliers limitant les 14 vannes qui ont chacune 14 m. 41 de largeur et peuvent débiter 4 400 mètres cubes d'eau à la seconde, c'est-à-dire un débit supérieur à celui du Chagres et de ses affluents pendant les plus fortes crues. La hauteur de ces vannes est de 5 m. 80, et elles pèsent 42 tonnes chacune.

BARRAGES MIXTES. ⌀⌀ Ils sont essentiellement composés d'une masse de terre dont le cœur est occupé par un écran

RÉSERVOIR (SAN FRANCISCO)

(Cl. Birjot.)

LA DIGUE DES SETTONS

CHANTIER DES ÉCLUSES DE GATUN

(Cl. Neurdein.)

SAINT-ÉTIENNE : ROCHETAILLÉE
Le barrage.

de béton ou de maçonnerie. C'est, en somme, le type anglais de barrage en terre dans lequel on a remplacé le noyau d'argile par de la maçonnerie ou du béton. Ce genre de digue, très employé à l'étranger, n'a reçu que peu d'applications en France.

Celle du réservoir de Saint-Ferréol (fig. 59) mérite cependant une mention spéciale tant en raison de son ancienneté que de son importance. Construite sous la direction de Riquet de 1667 à 1671 pour l'alimentation du bief de partage du canal du Midi, au col de Naurouze, elle crée une

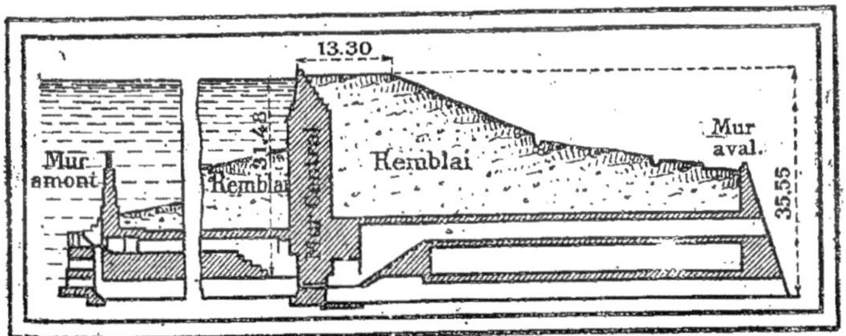

Fig. 59. — *Barrage de Saint-Ferréol.*

retenue de plus de 31 mètres. Formée d'une énorme masse de remblai large de 140 mètres à la base et limitée par deux murs extérieurs, elle est coupée par un troisième mur qui occupe à peu près le milieu. Le mur d'amont a 10 mètres de hauteur, celui d'aval 20 mètres ; quant au mur central, large de 6 mètres sur presque toute sa hauteur, il part du rocher et s'élève jusqu'au couronnement pour former parapet.

Un autre type de digue mixte est celle construite à l'exutoire du lac d'Oredon, dans les Pyrénées, pour en augmenter la capacité en vue de l'électrification des chemins de fer du Midi. Dans cette digue, qui crée une retenue de 24 mètres et porte le volume du lac à 7 300 000 mètres cubes, la partie chargée de l'étanchéité a été nettement séparée de celle donnant la stabilité. Sur la paroi amont se trouve un diaphragme composé d'un perré à pierres sèches incliné à 3/2 et appuyé sur le remblai ; par-dessus vient une première couche de béton de chaux de 0 m. 20 d'épaisseur ; ensuite un deuxième perré de 0 m. 30 ; une seconde couche de béton de 1 m. 60 d'épaisseur à la base et 1 m. 20 au sommet ; une chape en bitume de 0 m. 02, et enfin un troisième perré de 1 mètre

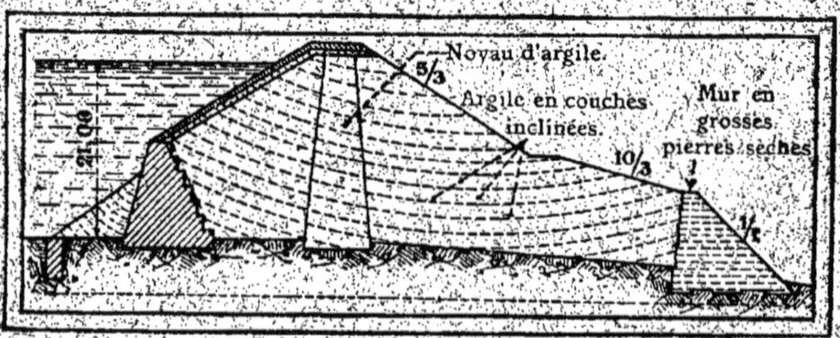

Fig. 60. — *Barrage de Padduli.*

d'épaisseur formant protection contre les lames et les glaçons. Quant au massif de terre formant remblai, il a été établi en sable, graviers et cailloux, sans argile, très perméables mais parfaitement incompressibles.

En Italie, le plus grand spécimen des digues mixtes est le barrage de Padduli, dans la province de Parme. La figure 60 montre la curieuse disposition des couches d'argile qui le constituent.

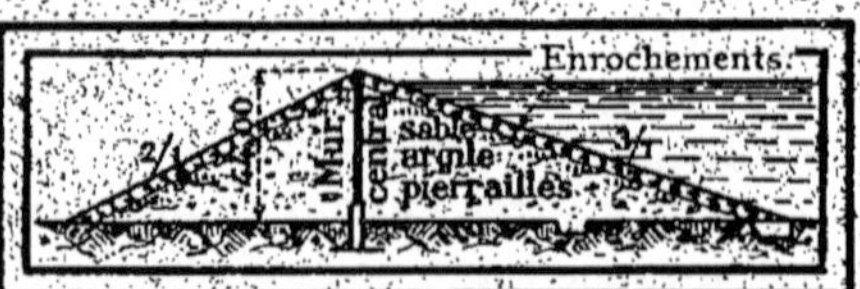

Fig. 61. — *Barrage d'Oakley.*

Aux États-Unis, les barrages mixtes sont nombreux. Un des plus importants est celui d'Oakley, terminé en 1913, qui mesure 225 mètres de largeur à la base et 320 mètres de longueur en couronne. Il est formé d'un mélange très uniforme de sable, d'argile et de pierrailles ; les talus sont recouverts d'enrochements. Le petit mur central, qui descend à 8 mètres au-dessous du sol, est en béton ordinaire avec

1 mètre d'épaisseur jusqu'à 3 mètres au-dessus du sol, puis en béton armé, sur une épaisseur de 0 m. 30 jusqu'au sommet (fig. 61).

Il existe encore une catégorie de digues, que l'on pourrait à la rigueur rattacher aux ouvrages en maçonnerie, dans lesquelles le diaphragme étanche, qu'il soit placé sur la paroi amont ou dans le massif, est épaulé, non plus par des terres argilo-sableuses ou graveleuses, mais par des enrochements ou pierres sèches. Ce sont les *digues à enrochements*.

La plus élevée de ce genre est celle de Moreno River, aux États-Unis, haute de 61 mètres.

BARRAGES EN MAÇONNERIE. ⌀⌀ Alors que les barrages en maçonnerie furent connus dès la plus haute antiquité, les plus anciens que nous possédions en Europe ne datent que de trois siècles. Ils furent construits en Espagne et abordèrent tout de suite des hauteurs importantes pour assurer les services d'irrigation. On les construisait avec des formes très variables, sans qu'aucune considération théorique ait présidé à l'établissement de leur profil et en demandant généralement la stabilité nécessaire à un excès de masse.

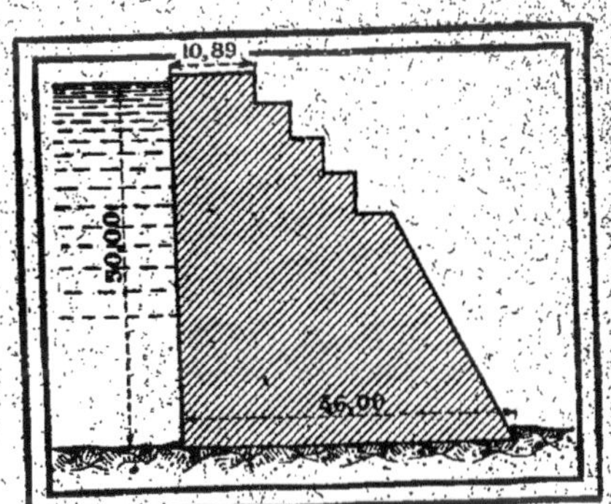

Fig. 62. — *Barrage de Puentès.*

Le barrage d'Alicante, élevé vers 1580, a détenu longtemps le record de la hauteur avec 41 mètres ; il a 37 mètres d'épaisseur à la base et 20 mètres au sommet. Celui de Puentès, construit en 1791, crée une retenue de 50 mètres et une réserve de 35 millions de mètres cubes (fig. 62).

Après la construction du barrage des Settons (1858), des

ingénieurs français, en particulier MM. de Sazilly et Delocre, étudièrent le profil rationnel à donner aux barrages en maçonnerie pour obtenir à la fois la plus grande résistance aux efforts et la meilleure utilisation des matériaux. C'est d'après les résultats de leurs travaux que fut construit le remarquable barrage du Furens, qui a été le prototype des barrages en maçonnerie exécutés par la suite tant en France qu'à l'étranger.

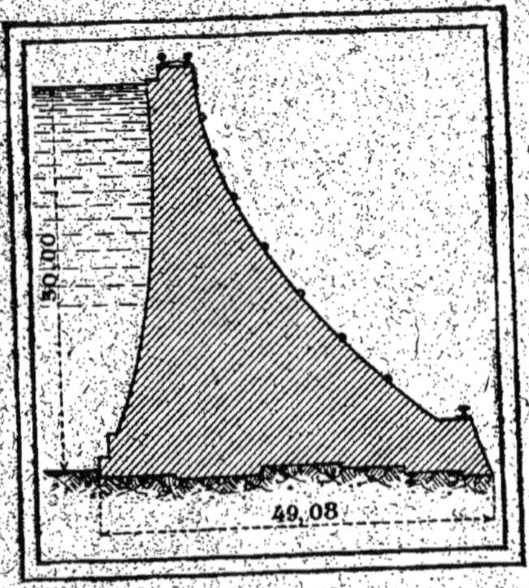

Fig. 63. — *Barrage du Gouffre d'Enfer.*

Le barrage du Furens, ou du Gouffre d'Enfer (fig. 63), construit de 1861 à 1866, à 9 kilomètres en amont de Saint-Étienne, assure à la fois l'alimentation de la ville et sa défense contre les crues du Furens, en réservant la tranche supérieure, sur 5 m. 50 de hauteur, à l'emmagasinement des 400 000 mètres cubes, jugés dangereux, des pointes des très fortes crues. Établi entre des rochers compacts et très escarpés, le barrage opère une retenue de 50 mètres avec 100 mètres de longueur en couronne suivant un arc de 252 m. 50 de rayon. Son profil est formé d'une série de courbes qui en augmentent progressivement l'épaisseur, faiblement à l'amont et rapidement à l'aval. Large de 3 m. 02 à la couronne, sa base atteint 49 m. 08. Il a été construit entièrement en maçonnerie ordinaire, soigneusement exécutée avec des moellons de granit, des sables granitiques très purs et de la chaux hydraulique.

Nous citerons ensuite, en France, le barrage de Ternay, de 35 m. 35 de retenue; celui de la Rive, ou du Ban, de

47 m. 80 de hauteur; celui de la Mouche, qui alimente le canal de la Marne à la Saône et mesure 410 mètres de longueur, avec une retenue de 22 m. 55; celui de Chartrain, pour l'alimentation de la ville de Roanne, de 241 mètres de longueur et 46 mètres de retenue; le barrage de la Sioule (Puy-de-Dôme), construit pour fournir l'énergie à une usine hydroélectrique avec une réserve de 3 millions de mètres cubes; le barrage du Haut-Cher, à 14 kilomètres en amont de Montluçon, établi à la fois pour le service d'une usine hydroélectrique et pour l'alimentation de la ville ; avec une retenue de 45 mètres et une longueur de 98 m. 50, il accumule une réserve de 26 millions de mètres cubes.

Parmi les derniers barrages exécutés en France, nous signalerons celui de Dardennes, qui alimente la ville de Toulon ; il a 154 mètres de longueur en couronne, 33 m. 60 de hauteur. Enfin, le barrage de la Valette, sur le Lignon, construit de 1911 à 1918 par la ville de Saint-Étienne ; il a été exécuté avec une hauteur de 29 mètres en lui donnant la section voulue pour se réserver la possibilité de porter plus tard cette hauteur à 54 mètres.

Il est à remarquer que presque tous ces barrages sont également construits suivant un arc de cercle dont la convexité est tournée vers l'amont, ce qui augmente leur résistance du fait qu'ils travaillent comme une voûte.

La forme générale des barrages étrangers en maçonnerie est sensiblement la même dans les divers pays, du moins depuis l'exécution des barrages du type français, dont celui du Gouffre d'Enfer a été le premier modèle.

En Angleterre, les plus remarquables sont le barrage de Wyrnwy et celui de Thirlmere. Le premier, construit pour l'alimentation de la ville de Liverpool, crée une réserve de 55 millions de mètres cubes avec une retenue de 25 m. 60 seulement, bien que sa hauteur fût de 39 m. 34; son développement en couronne est de 355 mètres. Il sert de déversoir sur toute sa longueur. Le second, près de Manchester, est remarquable par la profondeur de ses fondations, qui atteignent 17 m. 84 pour une hauteur totale de 34 m. 67 ; il est formé de béton dans lequel on a noyé de gros blocs naturels.

Le plus haut barrage de l'Allemagne est celui de l'Urft, qui crée une retenue de 50 m. 50 et une réserve de 45 millions et demi de mètres cubes. Sa hauteur est de 58 mètres, sa largeur de 5 m. 50 au sommet et 55 mètres à la base et sa longueur de 226 mètres en couronne.

La ville de Gênes est alimentée par le barrage de Lagolungo, dont la hauteur est de 43 mètres et qui crée une retenue de 6 500 000 mètres cubes.

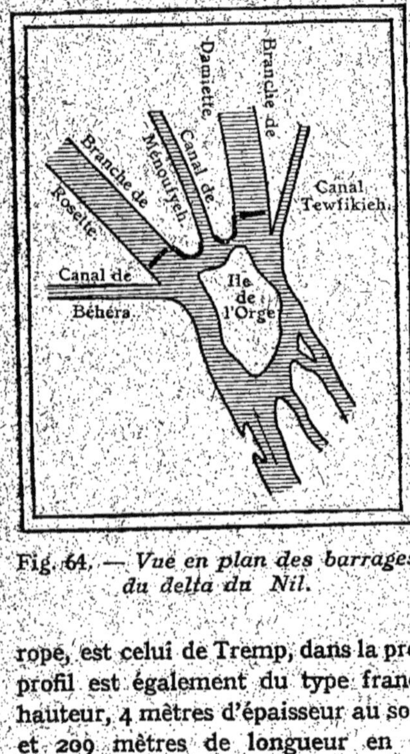

Le barrage d'El-Villar, en Espagne, construit en 1870 pour l'alimentation de la ville de Madrid, se rapproche beaucoup du type du Furens ; il a 51 m. 40 de hauteur, 135 mètres de longueur en couronne, et maintient une réserve de 2 millions de mètres cubes.

Fig. 64. — *Vue en plan des barrages du delta du Nil.*

Le plus haut barrage d'Espagne, et probablement d'Europe, est celui de Tremp, dans la province de Barcelone. Son profil est également du type français : il a 84 mètres de hauteur, 4 mètres d'épaisseur au sommet, 69 m. 66 à la base et 209 mètres de longueur en couronne. Un déversoir de 82 mètres de longueur lui fait suite et comporte sept travées obturées par des vannes automatiques de 10 mètres de longueur et 6 mètres de hauteur.

En Égypte, on a construit sur le Nil une série de barrages

très importants, sur lesquels nous allons nous étendre quelque peu.

Chaque année, le Nil dépose sur les terrains qu'il submerge quelque chose comme 40 millions de tonnes de matières solides ; le delta n'est pour ainsi dire formé que de ces alluvions ; d'autre part, les seuils ou barrages naturels qui partageaient le cours du Nil en une série de biefs se sont érodés ; les passages des chutes se sont élargis, diminuant ainsi la hauteur des retenues. De sorte que, pour ces deux causes, le désert envahit de plus en plus les terrains autrefois d'une grande fertilité.

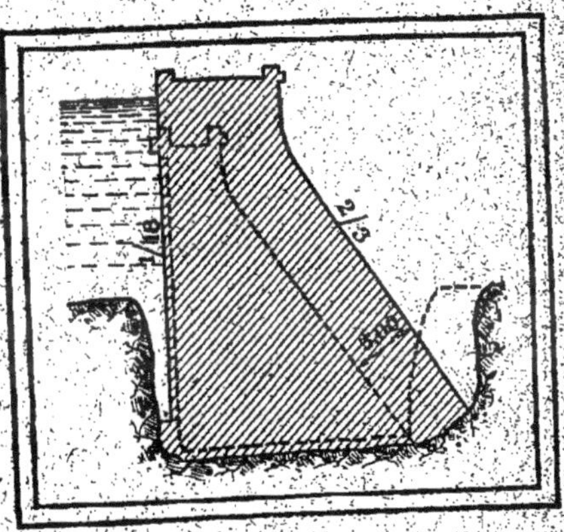

Fig. 65. — *Profil courant du barrage d'Assouan, section pleine.*

Le premier grand projet exécuté pour rendre à l'agriculture des terres devenues incultes a été le barrage du Delta (fig. 64). C'est une œuvre imposante et majestueuse, qui se compose de deux parties. Sur la branche de Rosette, le barrage mesure 522 m. 20 de longueur, comprenant soixante et onze arches avec soixante-huit vannes et une écluse à chaque extrémité. Sur la branche de Damiette, le barrage a 452 m. 30 de longueur ; il comporte soixante et une arches avec cinquante-huit vannes et deux écluses. Tous deux sont réunis par un quai semi-circulaire coupé par une écluse sur le canal de Menoufyeh.

Dans la moyenne Égypte, ont été élevés ensuite le barrage d'Assyout, de 825 mètres de longueur et 12 m. 50 de hauteur et, plus récemment, celui d'Esneh, à 1 035 kilomètres de la mer, qui a 882 mètres de longueur et comporte cent vingt aqueducs de 5 mètres de largeur ainsi qu'une écluse.

Celui d'Assouan détient le record du monde par son étendue (fig. 65). Il constitue une réserve d'eau de 2 300 millions de mètres cubes destinées à l'irrigation de la moyenne Égypte et se développe sur 1 950 mètres de longueur. Pendant les crues du fleuve, il laisse passer les eaux limoneuses et ferti- lisantes et retient ensuite les eaux claires et surabondantes pour les rendre à l'irrigation pendant les périodes d'étiage.

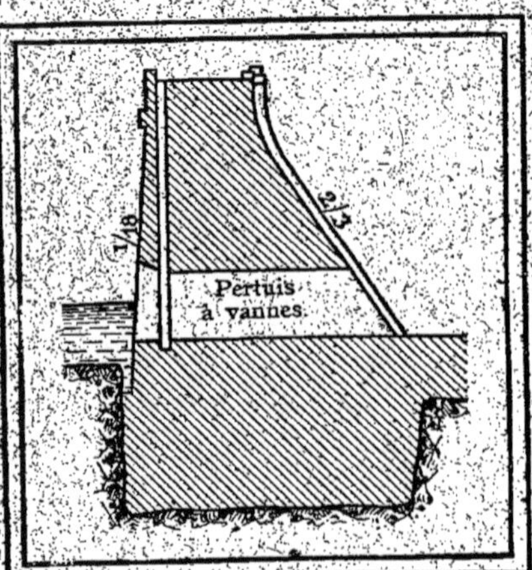

Fig. 66. — *Barrage d'Assouan avec pertuis à vannes.*

Il a été construit de 1898 à 1902, avec une hauteur de 19 mètres au-dessus du lit moyen du fleuve ; fondations comprises, cette hauteur est de 31 mètres. De 1907 à 1912, il fut surélevé de 5 mètres et renforcé de 5 mètres par l'aval comme l'indique notre figure ; le niveau de la retenue peut être ainsi remonté de 7 mètres.

Le barrage comporte deux sections différentes : l'une, pleine, de 550 mètres de longueur sur la rive droite, l'autre, de 1400 mètres, comportant cent quatre-vingts pertuis de 2 mètres. Les pertuis sont divisés par groupes de dix, ayant respectivement leurs seuils à 13 mètres, 17 mètres, 21 mètres et 25 m. 50 au-dessous du niveau réglementaire. Pour les deux premières séries, les hauteurs sont de 3 m. 50 et de 7 mètres pour les autres. Cent trente pertuis ont été munis de vannes Stoney et les cinquante autres de vannes ordinaires qui retiennent ou laissent passer les eaux selon les circonstances (fig. 66).

(Cl. Bonfils.)

BARRAGE DU NIL

(Cl. A. Marques.)

BARRAGE D'ASSOUAN

BARRAGE DE CROTON
(ÉTATS-UNIS)

BARRAGE DE BOISE (IDAHO)
(ÉTATS-UNIS)

(Cl. Cadoret.)

BARRAGE DE BELLE-ISLE-EN-TERRE

La construction est en granit et mortier de ciment avec parements en moellons équarris ; elle repose entièrement sur le rocher.

Ajoutons enfin que le barrage comporte également des écluses de navigation.

En Amérique, et tout spécialement aux États-Unis, les barrages importants en maçonnerie ou béton de ciment sont très nombreux. Nous ne signalerons que les plus remarquables, parmi lesquels figure en premier lieu celui de Croton (fig. 67), construit de 1892 à 1906 pour le service de la ville de New York. Cet ouvrage fut, à un moment donné, le plus haut du monde, avec 90 m. 52 entre la base des fondations et la crête. Toutefois, la hauteur de retenue n'est que de 45 m. 70, les fondations ayant été descendues très profondément pour atteindre le rocher incompressible. Sa longueur totale, déversoir compris, est de 700 mètres et la largeur atteint 62 m. 79 dans les fondations. Il a été, lui aussi, exécuté en maçonnerie de granit avec parements en gros moellons. Sa réserve est de 122 millions de mètres cubes.

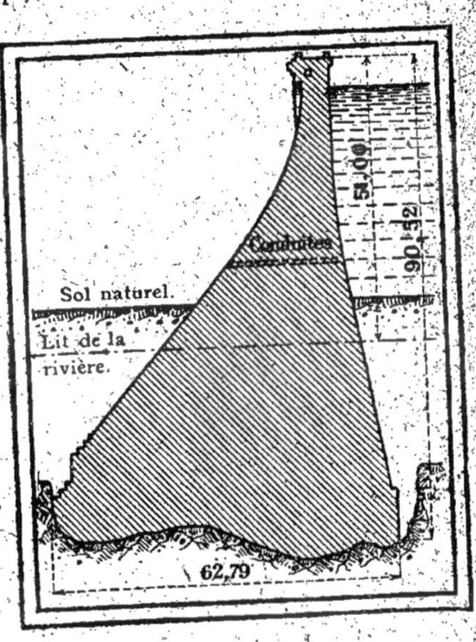

Fig. 67. — *Barrage de Croton.*

Le barrage de Roosevelt a été construit de 1905 à 1911, sur le Salt River, dans l'Arizona, pour un service d'irrigation de près de 100 000 hectares. Il crée une réserve d'environ 1 560 millions de mètres cubes. Sa hauteur maximum est de 86 m. 45, dont 73 mètres au-dessus du niveau de la rivière. Son épaisseur est de 4 m. 90 sous l'encorbellement qui le couronne et de 51 mètres à la base. La superficie du réservoir ainsi constitué est de 6 200 hectares.

Comme le barrage de Croton, celui d'Ashokan, construit vers 1910, appartient au système alimentaire de la ville de New York (fig. 68). Il fait partie, plus spécialement sous le nom de barrage d'Olive Bridge, de différents ouvrages de retenue réalisant le lac artificiel d'Ashokan, à 132 kilomètres, à vol d'oiseau, de la ville, à laquelle il est relié par l'aqueduc de Catskill. Il occupe, sur 335 mètres de longueur, la partie centrale d'un long barrage de 1 600 mètres en ligne droite, dont les deux extrémités sont constituées par une digue mixte. La hauteur est de 76 m. 65, dont 64 mètres au-dessus du sol avec 58 mètres d'épaisseur à la base et 8 mètres au sommet pour le passage d'une route. La réserve est d'environ 528 millions de mètres cubes.

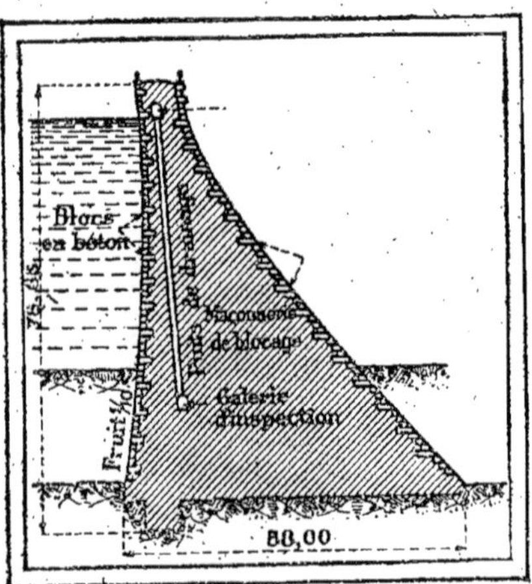

Fig. 68. — *Barrage d'Ashokan.*

Le barrage d'Elephant Butte ou d'Engle (New Mexico) a été construit en 1916 pour assurer, comme celui de Roosevelt, un important service d'irrigation et celui d'une usine hydroélectrique. Il a 80 m. 50 de hauteur maximum, 5 m. 48 d'épaisseur au sommet et 71 m. 65 à la base. Sa longueur est de 366 mètres, auxquels s'ajoutent 90 mètres pour le déversoir. Il crée une réserve de 3 250 millions de mètres cubes ayant une surface d'eau de 17 000 hectares (fig. 69).

Quand un barrage est établi dans une gorge étroite, on peut le construire comme une voûte ; il possède alors une très grande résistance et on peut lui donner une épaisseur bien moins grande que s'il était rectiligne. C'est le cas du barrage de la ville d'Aix-en-Provence, construit en 1840, et de celui de Shoshone sur le Shoshone River, qui a 100 m. 10 de hauteur. C'est sans doute le plus haut du monde.

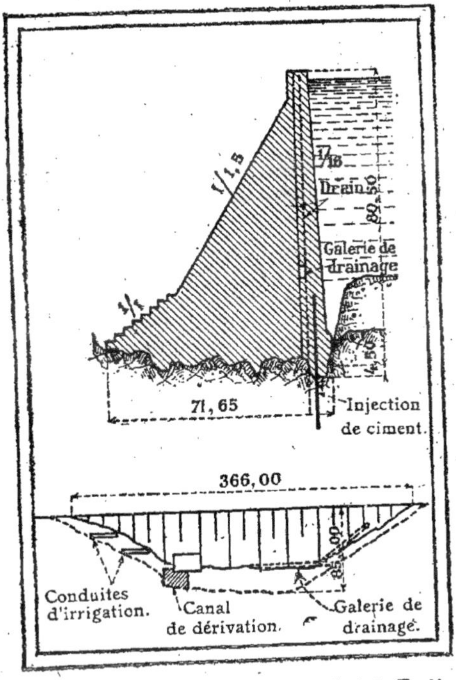

Fig. 69. — *Barrage d'Elephant Butte.*

LES BARRAGES-DÉVERSOIRS. Construits également en maçonnerie, ce ne sont pas des constructions de très grande hauteur, leur rôle étant non de constituer des réserves, mais de relever le niveau d'une rivière afin de créer une chute pour les besoins d'une dérivation d'usine.

Depuis quelques années, on construit de grands barrages-déversoirs sur des rivières à grand débit, accolés à de puissantes usines dont ils assurent la marche. Ce sont des *barrages-usines*. Leur rôle est de créer une chute et d'en utiliser sur place la force motrice. La chute est d'ailleurs généralement assez faible et variable avec le niveau de la rivière ; par contre, le débit utilisé est considérable, si bien que les usines n'en sont pas moins très puissantes.

Ces barrages comportent une série de pertuis d'écoulement des eaux fermés par de puissantes vannes. A l'une des culées font suite, suivant des dispositions diversement combinées, les murs du bassin de charge de l'usine, ses bâtiments et son canal de fuite. A l'autre culée est généralement accolée une écluse de navigation dont la retenue crée le bief supérieur. Il n'y a d'ailleurs pas de ligne de démarcation bien nette entre les barrages-usines et les barrages-déversoirs.

Un des plus importants barrages-usines de France est celui de la Tuilière, sur la Dordogne. Il crée une chute de 12 mètres et alimente une usine de 21 000 chevaux. Le barrage a 105 mètres de longueur totale, et il comporte huit pertuis fermés par des vannes.

BARRAGES EN BÉTON ARMÉ. ⌀ ⌀ Avec ses précieuses qualités de résistance à tous les efforts et la souplesse de ses applications, le béton armé devait prendre une place importante dans la construction des barrages. Grâce à lui, on a pu donner aux digues de retenue les formes les plus diverses.

Le barrage de la Prêle, dans le Wyoming, est l'un des plus importants, il a 39 m. 62 de hauteur, 54 m. 25 de largeur à la base et 200 mètres de longueur en crête. Il crée une réserve de 30 millions de mètres cubes avec évacuation des crues par un déversoir de 27 mètres de longueur.

Le plus important de tous est celui qui a été établi sur le Mississipi, dans l'État de l'Iowa. Il fait partie des travaux d'une usine hydroélectrique de 200 000 chevaux. Construit en ciment armé, il mesure 1 410 mètres de longueur, y compris les culées, 13 mètres de largeur à la base et 11 mètres de hauteur au-dessus du niveau du fleuve. Cent seize portes-déversoirs en acier permettent de maintenir toujours à la même hauteur le plan d'eau en amont. Rectiligne sur 1 320 mètres de longueur, il se continue par une digue qui vient se souder sur son extrémité dans le fleuve, à angle droit. Cette digue a 420 mètres de longueur et 37 mètres de largeur ; elle porte l'usine hydroélectrique et, à la base, sont installées les conduites d'amenée d'eau et les turbines. Une jetée en bois de 840 mètres de longueur protège l'usine et la digue contre les glaces. Enfin une large écluse est réservée à la navigation.

Les solutions les plus originales peuvent être envisagées. C'est ainsi que, dans un barrage de l'Illinois, l'intérieur de l'ouvrage a été aménagé en promenoir avec jardin d'hiver et cascades lumineuses. Plus particulièrement, il se manifeste une tendance à loger dans l'intérieur même de l'ouvrage l'usine hydroélectrique pour laquelle il est construit.

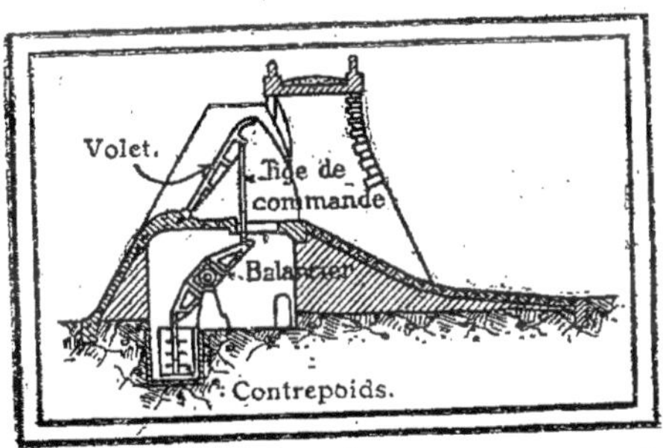

Fig. 70. — *Déversoir mobile dans le barrage de San Chiara d'Ula (Sardaigne).*

Un exemple de cette disposition nous est fourni, en France, par le barrage de Belle-Isle-en-Terre, dans les Côtes-du-Nord. Il est à voûtes multiples, s'appuyant sur des contreforts espacés de 4 m. 86. L'usine occupe l'espace situé entre cinq contreforts consécutifs.

L'application la plus importante de ce genre d'installation en Europe, peut-être même dans le monde, a été exécutée au barrage de San Chiara d'Ula, en Sardaigne. Il a une hauteur de 61 mètres et crée une retenue de 416 millions de mètres cubes avec une longueur de 225 mètres. Il est surmonté d'un pont-route sur voûtes de 12 m. 50 d'ouverture pour une largeur de chaussée de 6 mètres. Les contreforts sont entretoisés par deux séries d'arcs disposés à environ 25 et 42 mètres de hauteur respectivement (fig. 70).

Un déversoir automatique a été aménagé dans deux voûtes

voisines de la rive droite ; il est constitué par des volets basculants munis d'un dispositif permettant le fonctionnement automatique à partir d'une hauteur déterminée.

L'usine occupe cinq des intervalles séparant les murs. Les machines motrices sont placées dans quatre de ces travées, la cinquième étant réservée aux transformateurs et aux travaux de distribution.

BARRAGE DE GALVESTON. ⌀ ⌀ L'ouvrage le plus important de tous ceux que nous avons signalés au cours de ce chapitre et qui n'appartient à aucun des types décrits, est celui de Galveston, qui relie l'île du même nom à la côte du Texas.

Il est composé de trois parties: deux barrages proprement dits de 1 400 et 1660 mètres de longueur, l'un relié au continent, l'autre à l'île, soudés par un pont en arches de béton de 742 mètres de longueur. Ce dernier est ouvert au milieu par un pont à bascule de 30 mètres de longueur, qui pèse 1 300 000 kilogrammes et repose sur une jetée fondée sur cinq cent trente-deux pilotis de 2 mètres de hauteur ; la jetée elle-même, faite en ciment armé, représente un poids de 3 500 000 kilogrammes, tant en béton qu'en armature d'acier. Le pont en béton prend appui sur des barrages reposant sur le fond argileux de la baie ; chaque barrage renferme 1 200 mètres cubes de béton.

Au sommet, les deux barrages ont 36 mètres de largeur et 46 m. 20 au niveau de la mer. Ils sont maintenus par une double rangée de pilotis en ciment armé enfoncés à 1 m. 50 dans le sol; on a ensuite réuni les pilotis d'une même rangée par des sortes de calottes en ciment armé et ensuite les deux rangées, de 3 mètres en 3 mètres, par des barres d'ancrage. Puis les intervalles furent remplis de sable et les talus recouverts de plaques de béton de 12 centimètres d'épaisseur, en calfeutrant les joints avec du feutre goudronné.

CHAPITRE V

LES PORTS

Définitions, généralités. ‖ *Classification des ports.* ‖ *Marseille.* ‖ *Construction d'une digue.* ‖ *Caissons en béton de ciment.* ‖ *Le Havre.* ‖ *Bordeaux.* ‖ *Cherbourg.* ‖ *Brest.* ‖ *Londres.* ‖ *Anvers.* ‖ *Rotterdam.* ‖ *Hambourg.* ‖ *New York.* ‖ *Sydney.* ‖ *Hong-Kong.*

DÉFINITIONS, GÉNÉRALITÉS. ∅ ∅ Un port est un lieu d'échange de voyageurs et de marchandises entre les moyens de transport maritimes et terrestres. Le premier devoir d'un port est donc d'offrir une protection aussi complète que possible aux navires contre les vents et les flots. Cette condition étant remplie, on l'équipe avec des engins de chargement et de déchargement, organes de liaison entre les navires et les wagons que des voies ferrées amènent sur les quais.

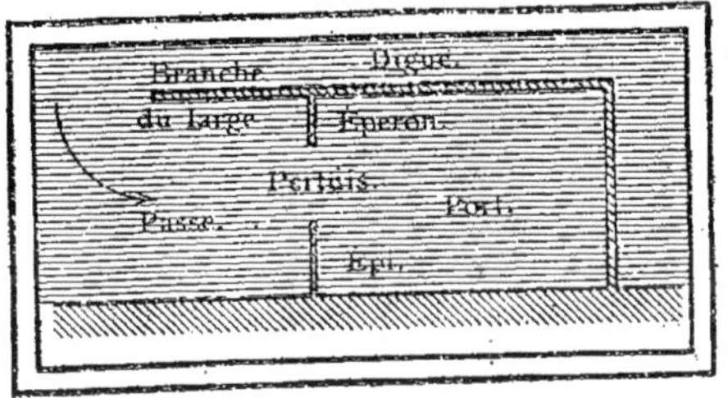

Fig. 71. — *Plan d'un port sur côte rocheuse.*

L'entrée d'un port s'appelle la *passe*; elle est disposée de telle sorte que les vagues du large n'y puissent pénétrer directement. Les figures 71, 72, 73 montrent des dispositions courantes de passes qui sont les portes d'entrée et de sortie des *avant-ports*. Ceux-ci, antichambres des ports, sont protégés, suivant les cas, par des ouvrages auxquels on donne le nom de *jetées*, *môles*, *digues* ou *brise-lames*.

Les jetées sont généralement de solides murailles qui s'avancent parfois très loin en mer. Souvent le port est comme prolongé par deux jetées, *convergentes* ou *parallèles*, laissant entre elles un *chenal* dont les extrémités s'appellent des *musoirs*. Quelquefois, on construit un troisième mur en avant des musoirs, c'est un *môle*. On réalise ainsi deux passes d'accès au chenal. Dans d'autres cas, une seule jetée, droite ou courbe, suffit à protéger la rade. Ces ouvrages appartiennent plus particulièrement aux ports établis sur les côtes meubles dont les bassins sont creusés à l'intérieur des terres comme les ports de la Manche, où beaucoup de jetées sont en charpente.

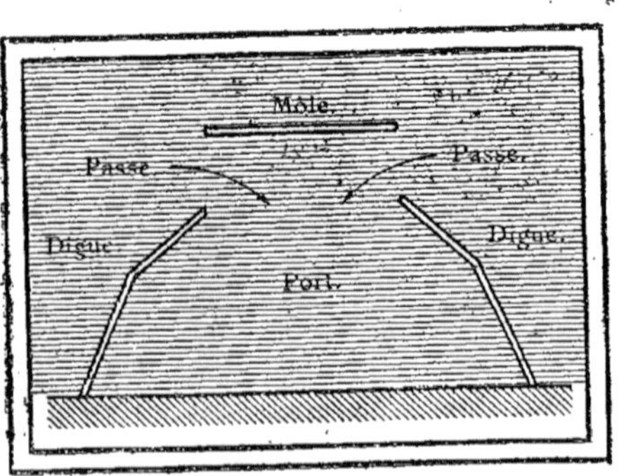

Fig. 72. — *Autre plan d'un port sur côte rocheuse.*

Si les ports sont établis en eau profonde dans des baies largement ouvertes aux vents dominants, on remplace les jetées par une ou plusieurs *digues* ou *brise-lames* sensiblement parallèles à la côte, les entrées des ports étant aménagées entre l'extrémité de la digue et la côte.

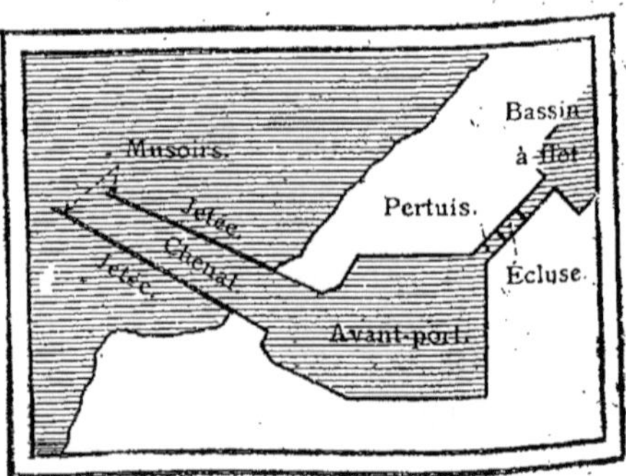

Fig. 73. — *Plan d'un port en terrain meuble avec bassin à flot.*

Quelle que soit la situation d'un port, la passe ou chenal donne toujours accès à l'avant-port, auquel font suite les *bassins*, limités par les *quais*, où viennent accoster les navires. Si un port est situé sur une mer sans marée, il suffit de protéger convenablement les bassins contre la houle et les vents et de leur donner une profondeur suffisante pour que les navires puissent charger et décharger leurs marchandises en toute sécurité. Mais, si l'amplitude des marées est importante il devient encore nécessaire de soustraire les navires aux mouvements de montée et de descente qu'elles leur imposeraient. On sépare alors les bassins de l'avant-port par des écluses qui laissent pénétrer l'eau à marée haute et la maintiennent à peu près au même niveau à marée basse. Les bassins prennent alors le nom de *bassins à flot*, par opposition aux autres qui sont appelés *bassins de marée*. Quant aux navires, ils ne peuvent pénétrer dans les bassins à flot qu'à marée haute, à moins que l'écluse ne comporte un sas, auquel cas ils sont éclusés comme dans un canal.

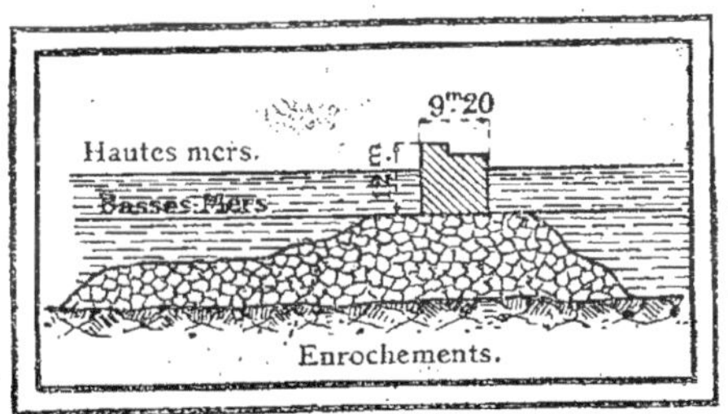

Fig. 74. — *Digue de Cherbourg.*

Comme le temps de l'éclusage est assez long, on est souvent obligé de laisser un certain nombre de navires dans les bassins de marée (les ports soumis à l'action des marées ont toujours au moins un bassin de marée à côté des bassins à flot) : dans ce cas, surtout lorsqu'il s'agit de recevoir de grands paquebots ayant un tirant d'eau de 10 à 12 mètres, on creuse plus profondément lesdits bassins de marée sur une certaine largeur, au voisinage des murs de quai, pour constituer ce que l'on appelle des *fosses à souilles*, où les paquebots ne risquent pas de s'échouer.

LES GRANDS TRAVAUX

Tous les éléments dont nous venons de parler : rade, avant-ports, bassins, n'existent pas toujours dans tous les ports. Lorsque le port est situé près de l'embouchure d'un fleuve, cette embouchure constitue la rade, et le fleuve lui-même devient l'avant-port. Au Havre, par exemple, l'avant-port remplit les fonctions de bassin.

CLASSIFICATION DES PORTS. ❧ ❧ On classe généralement les ports d'après leur destination : ports de commerce général, ports de vitesse, ports de pêche, ports d'escale, ports de guerre. Cette classification avait autrefois sa raison d'être, les caractéristiques de chacun d'eux étant très distinctes. Il n'en est plus de même aujourd'hui. Les grands ports ont, en effet, une tendance à s'universaliser. C'est ainsi que Boulogne, le premier port de pêche français, est aussi un important port d'escale et de commerce. Le Havre, Marseille, très grands ports de commerce, sont devenus de grands ports de vitesse capables, en cas de besoin, de s'adapter à des buts militaires.

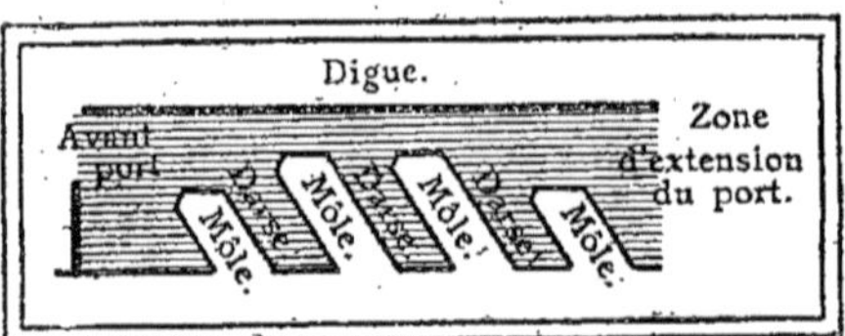

Fig. 75. — *Port sur côte rocheuse.*

Il paraît préférable de les classer, d'après la nature des lieux, en *ports à marée* et *ports sans marée*. Cela fait, nous considérerons qu'il existe des ports en *rades naturelles*, établis en des lieux où existe une surface d'eau suffisamment vaste et déjà abritée, au moins en partie, par la configuration du sol. Les estuaires des fleuves sont d'excellentes rades naturelles. Quand une rade est bien abritée, qu'elle soit protégée par une île ou une ceinture d'îlots (La Pallice, Hong-Kong, New York), ou constituée par une baie profonde communiquant avec la mer par une passe étroite (Brest, Rio de Janeiro, Sydney), elle est dite *fermée*. Si, au contraire, elle est peu abritée, elle devient *rade foraine*

(Le Havre, Saint-Nazaire, Marseille). Dans ce dernier cas, on est amené à compléter l'œuvre de la nature par l'aménagement d'une *rade artificielle*, au moyen d'ouvrages de protection. Un des meilleurs exemples de cet aménagement est celui de la rade de Cherbourg.

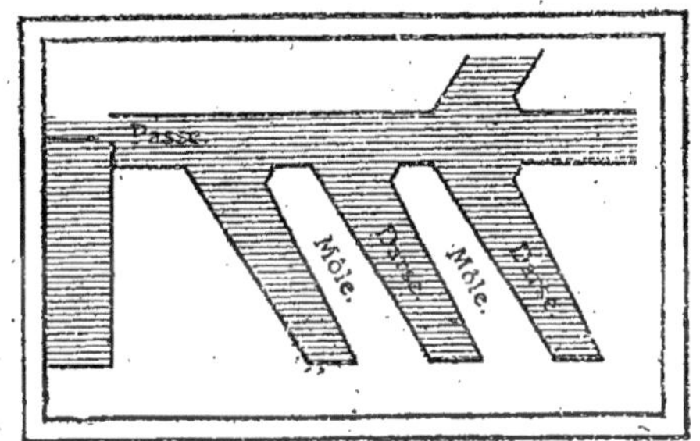

Fig. 76. — *Darses creusées en terrain meuble, longueur de 1000 à 1200 m., largeur de 100 à 120 m.*

Les ports en rade naturelle comprennent des ports sur *côtes rocheuses* (fig. 75), dans lesquels, les grandes profondeurs étant près de la côte, il n'y a pas à craindre d'ensablement ou d'envasement, et des ports sur *côtes meubles* (fig. 76) (plages de sable, lagunes), qui s'ensablent facilement et nécessitent la construction de longues jetées pour protéger le chenal d'accès, ce qui n'éloigne pas, d'ailleurs, l'obligation de procéder à des dragages de ce chenal.

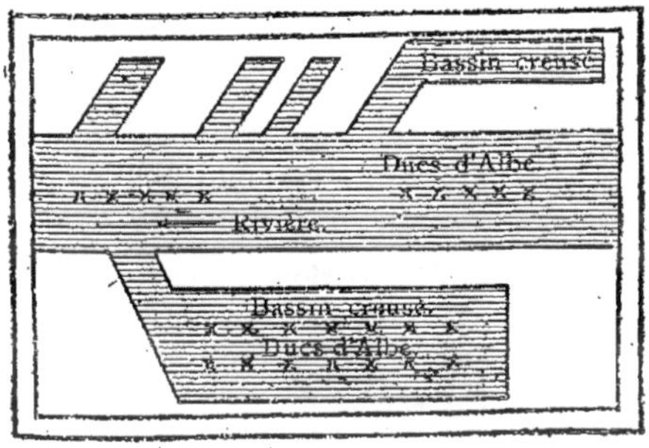

Fig. 77. — *Schéma d'un port en rivière.*

On est parfois amené, par la configuration du sol, à établir un port en emprise sur la mer; ce sont là des *ports en remblais*, avec des bassins construits en aval du rivage et délimités par des terre-pleins remblayés, en partie du moins, au moyen de terrassements spéciaux.

Quant aux *ports* dits *en rivière* (fig. 77), ils sont le plus souvent établis au point où la marée cesse de se faire sentir ; les berges sont pourvues de quais rectilignes, et on creuse des bassins sur les rives. L'échange de marchandises entre les chalands et les navires peut même se faire sans que ceux-ci aient à accoster à quai : on dispose en rivière ou au milieu de vastes bassins, des organes d'amarrage ou *ducs d'Albe*, le long desquels viennent stationner navires et péniches. Ce sont des faisceaux de forts pieux fichés dans le fond du fleuve ou des bassins et solidement liés.

Ces quelques notions nous permettront de saisir comme il convient les explications qui vont suivre sur quelques-uns des plus grands ports du monde.

MARSEILLE ⌀ ⌀ Jusqu'au milieu du siècle dernier, le port de Marseille n'était représenté que par un bassin de 890 mètres de longueur sur 320 mètres de largeur, établi dans une crique naturelle bien fermée. Ce bassin est devenu le Vieux Port, d'une profondeur de 6 mètres, fréquenté seulement par les voiliers, les remorqueurs et les petits caboteurs (fig. 78).

La construction du port moderne date de 1844 : c'est le type du port en mer sans marée établi sur côte rocheuse. Une digue d'une longueur de 4 143 mètres, parallèle à la côte, et située à 400 mètres environ en mer, sépare de la mer l'avant-port et tous les bassins. L'avant-port a 200 mètres de longueur ; il est suivi du bassin de la *Joliette*, auquel il est relié par un pertuis de 70 mètres de largeur; sa surface, de 22 hectares, est limitée par 2 180 mètres de quais, et la profondeur varie de 6 à 12 mètres. Puis, sans interruption pour ainsi dire, fut poursuivie la construction des bassins du *Lazaret* et d'*Arenc*, qui constitueraient plutôt deux darses séparées par un môle (traverse du Lazaret) large de 130 mètres. Le bassin du Lazaret a 130 mètres de longueur; celui d'Arenc est de forme trapézoïdale; les profondeurs varient de 7 à 13 mètres dans l'un et l'autre bassin.

La traverse d'Arenc sépare ce dernier bassin de celui de la *Gare maritime*, ouvert en 1859, divisé en deux darses ; sa longueur est de 336 mètres, sa superficie de 18 hectares, et sa profondeur varie de 6 à 15 mètres ; ses quais ont un développement de 2 kilomètres.

La *traverse de l'Abattoir*, large de 120 mètres, le sépare du *bassin National*, ouvert en 1863 et agrandi en 1874. Il mesure 920 m. de longueur pour une surface d'eau de 41 hectares et

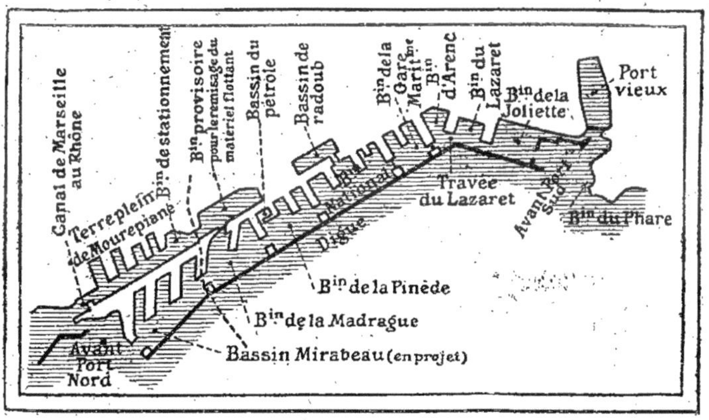

Fig. 78. — *Port de Marseille.*

une profondeur de 6 à 20 mètres ; il est divisé en quatre darses par trois môles, et ses quais ont un développement de 3 760 mètres. La *traverse de la Pinède*, de 80 à 100 mètres de largeur, le sépare du bassin de même nom, construit en 1897, long de 600 mètres et pourvu également de deux môles de 100 mètres de largeur. La darse de l'Ouest est utilisée pour la manipulation du pétrole. Les profondeurs varient de 8 m. 50 à 20 mètres, et les quais ont un développement de 2 786 mètres, dont 840 le long de la digue. Jusqu'en 1912, le port de Marseille s'arrêtait là, fermé par la traverse de la *Madrague* ; la digue fut alors prolongée de 550 mètres pour former un second avant-port avec lequel le bassin de la Pinède communique par un pertuis de 100 mètres de largeur.

Dans le *bassin National* s'ouvre un bassin de réparations avec lequel communiquent sept formes de radoub ; un bassin de remisage du matériel flottant a été également ouvert sur l'avant-port Nord (actuellement *bassin de la Madrague*). Avant la guerre, le port de Marseille avait ainsi une surface d'eau de 200 hectares environ et un développement de quais de 21 kilomètres, dont 13 utilisables. La manutention annuelle était de 510 tonnes environ par mètre de quai ; mais elle atteignait 700 tonnes aux bassins d'Arenc et du Lazaret et plus de 900 tonnes au bassin de la Joliette.

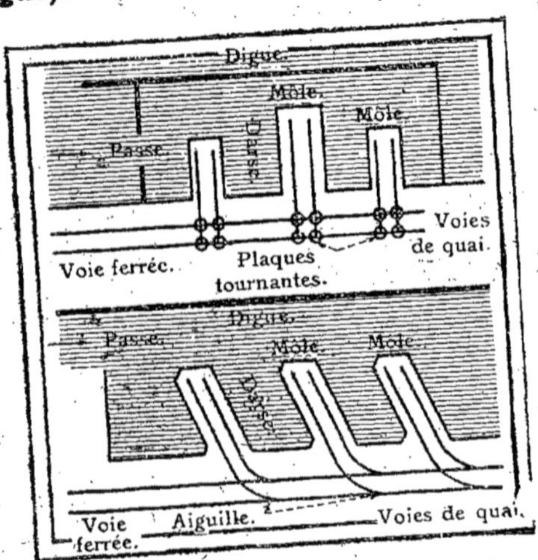

Fig. 79. — *Comparaison, au point de vue de l'exploitation par les voies ferrées, entre les môles perpendiculaires au quai et les môles disposés obliquement.*

Malheureusement, le port présentait une disposition défectueuse : les môles ou traverses, perpendiculaires à la ligne du rivage, obligeaient à l'emploi de plaques tournantes (fig. 79) pour effectuer le raccordement des voies ferrées de môles avec les voies ferrées de quai, disposition incompatible avec l'acheminement rapide des marchandises. Puis la guerre survint. Marseille eut à se charger d'importants transports militaires. Aussi, les travaux d'exécution d'un grand projet d'agrandissement adopté en 1909 furent-ils poussés activement.

L'avant-port Nord devint le *bassin de la Madrague*. Il est

limité à l'Ouest par la *traverse du cap Janet* et divisé en deux darses par un second môle ; les quais ont un développement de 2 584 mètres et acceptent à l'accostage des navires de 12 mètres de calaison. Les môles, obliques, permettent la suppression des plaques tournantes.

En même temps, l'achèvement du canal de Marseille au Rhône et l'aménagement du Rhône navigable, favorisant le développement du trafic fluvial, contribuaient à augmenter le mouvement du port. Le nouveau canal communique avec le port par le *bassin de Remisage*, qui s'ouvre dans le bassin

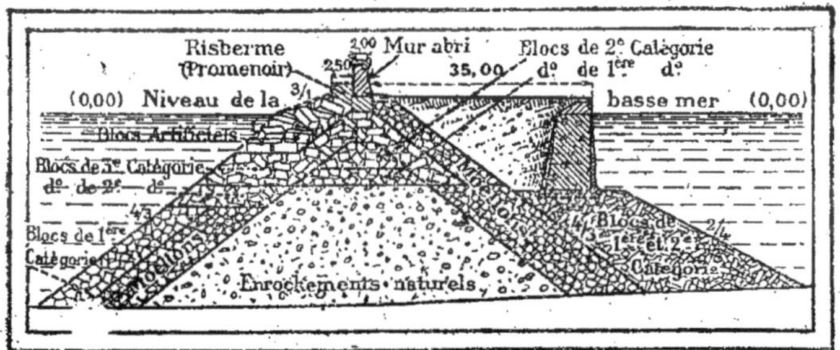

Fig. 80. — *Profil en travers type de la digue extérieure.*

de la Madrague. On procéda en même temps à l'approfondissement de tous les anciens bassins, à l'établissement de deux nouvelles formes de radoub de 250 et 300 mètres de longueur et même à l'amélioration du Vieux Port.

Tout cela devenait insuffisant. Il a fallu prévoir la création d'un nouveau bassin, dont les travaux ne sont pas encore commencés. C'est le *bassin Mirabeau*, appelé à recevoir des paquebots de 300 mètres de longueur et de 12 mètres de tirant d'eau. Un môle oblique le divisera en deux darses ; il aura une surface de 43 hectares, 3 760 mètres de quai, de 13 mètres de calaison sur le port et 2 140 mètres de quais de 9 mètres de calaison sur le canal. La superficie des terre-pleins sera de 38 ha. 70. Enfin la digue, prolongée de 1 310 mètres, formera un nouvel avant-port Nord.

Tous ces ouvrages sont extrêmement importants et prennent place parmi les grandes entreprises modernes. Arrêtons-nous donc quelque peu à la construction de la digue du bassin de la Madrague, récemment terminée (fig. 80).

CONSTRUCTION D'UNE DIGUE. ⌀ ⌀ La digue a été construite par 30 mètres de fond sans dérochement préalable. On versa purement et simplement, à l'emplacement désigné, les matériaux qui en constituent l'ossature principale, en respectant l'ordre des dimensions suivant : *pierrailles* et *détritus* de carrières, qui constituent la base, et dont le poids unitaire est inférieur à 3 kilogrammes ; *moellons*, pesant de 3 à 100 kilogrammes ; *blocs de première catégorie*, pesant de 100 à 1 300 kilogrammes ; *blocs de deuxième catégorie*, pesant de 1 300 à 3 900 kilogrammes ; *blocs de troisième catégorie*, pesant plus de 3 900 kilogrammes. Sur ces derniers et au niveau des eaux libres, la protection de la digue est assurée par des blocs de maçonnerie artificielle de 14 mètres cubes.

Les petits blocs sont mis à la mer au moyen de barques à clapets fermant des puits par lesquels on les jette. Ces barques rappellent celles des noyades tragiques de Nantes, sous la Terreur. Les autres blocs sont immergés au moyen de chalands pontés, qui, par le procédé dit « à la bande », les basculent à l'emplacement voulu. L'opération est très originale.

Le chaland comporte, sur l'un de ses flancs, à l'intérieur de la carène, une caisse à eau que l'on ouvre lorsqu'il arrive au point d'immersion. L'introduction d'eau donne au chaland une inclinaison que l'on compense en amenant sur le bord opposé du pont deux ou trois des plus gros blocs de chargement, aussi près que possible, sur ce bord, de la position d'équilibre instable. Au commandement, les marins précipitent à la mer ces gros blocs à l'aide de grandes pinces servant de leviers. L'équilibre du chaland est brusquement rompu ; il effectue alors un mouvement de bascule très prononcé, qui précipite à la mer tout le chargement du pont.

(Cl. Neurdein.)

LE VIEUX MARSEILLE ET LE PONT TRANSBORDEUR

MARSEILLE : CONSTRUCTION DE LA NOUVELLE DIGUE

Foncement d'un caisson par remplissage d'eau.

La cale métallique pour la construction des caissons.

Le chaland chargé de blocs de pierre.

Le chaland verse son chargement à la mer.

(Cl. Neurdein.)

LE PORT DU HAVRE

(Cl. Neurdein.)

BORDEAUX : VUE DE LA RADE PRISE DE LA TOUR

La digue s'élève au-dessous de la mer par un mur-abri derrière lequel s'élargit le quai de débarquement. La figure 80 montre la disposition générale des divers éléments qui la constituent ; nous ne nous occuperons plus que de la construction du mur de quai, dont le parement vertical aménagé du côté du port descend jusqu'à 12 mètres au-dessous du niveau de la mer ; il est construit avec des caissons (fig. 81).

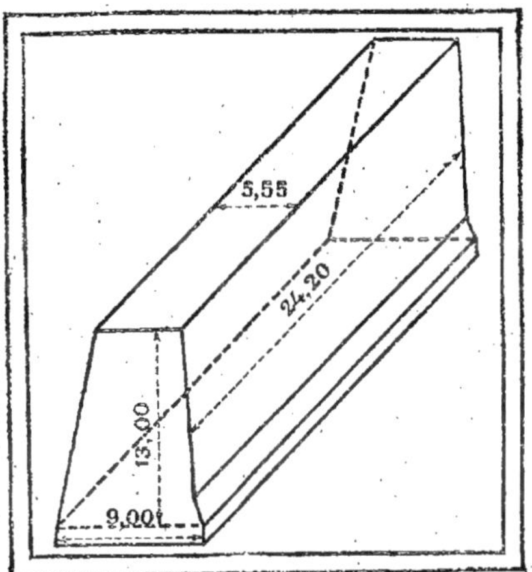

Fig. 81. — *Un caisson, vue perspective.*

CAISSONS EN BÉTON DE CIMENT. ø ø Ces caissons, en béton de ciment, mesurent 24 m. 20 de longueur, 13 mètres de hauteur, 9 mètres de largeur à la grande base et 5 m. 55 au sommet. L'intérieur est divisé en un certain nombre de compartiments par des cloisons qui assurent la rigidité du bloc. 1 000 mètres cubes de béton entrent dans cette construction.

Pour mouler ces blocs, l'entrepreneur a dû établir une cale métallique à doubles parois, de dimensions suffisantes, pour la mise en œuvre simultanée de deux caissons. Cette cale a été échouée en eau calme par 15 mètres de fond en remplissant ses parois de béton et en la surchargeant de plusieurs assises de blocs artificiels de 30 tonnes. Ouverte sur l'un de ses petits côtés, elle est d'abord remplie d'eau. Pour l'assécher, on la ferme avec un bateau-porte, sorte de vantail de porte d'écluse, convenablement lesté pour lui permettre de flotter verticalement ; on coule cette porte en introduisant de l'eau entre ses parois, puis on pompe l'eau de la cale. La pression extérieure, agissant sur la porte, la maintient contre les montants verticaux de la cale et assure l'étanchéité des joints.

On peut alors procéder à la construction à sec des caissons (fig. 82).

Après la prise du ciment et le décoffrage, on les laisse sécher pendant plusieurs mois, puis on les amène à leur emplacement définitif de la manière suivante :

Le bateau-porte est pourvu de ventelles, qui, ouvertes,

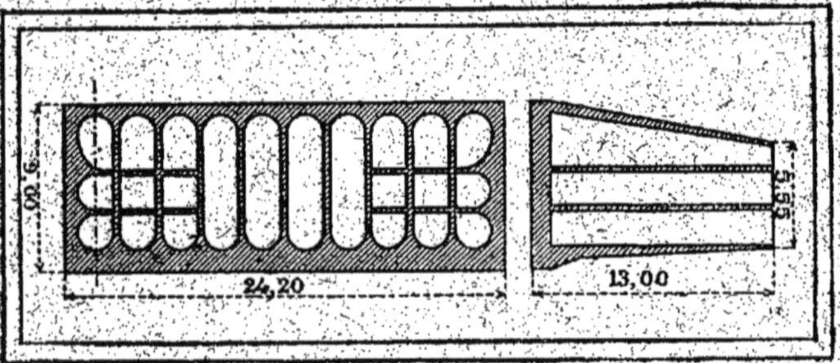

Fig. 82. — *Plan et coupe d'un caisson.*

laissent pénétrer l'eau à l'intérieur de la cale. Le caisson se soulève et flotte. On pompe l'eau du bateau-porte, qui se met à flotter à son tour et peut être déplacé pour permettre l'ouverture de la cale. Des remorqueurs s'emparent alors des caissons, par mer calme, et les tirent jusqu'à l'emplacement qu'ils doivent occuper dans la fondation du mur de quai : puis, maintenus par des amarres, on les échoue en les remplissant d'eau au moyen de pompes puissantes, pendant qu'un scaphandrier surveille la descente sur la plate-forme arasée de la digue. Après l'échouage, on les remplit de béton de chaux hydraulique au moyen de bennes que l'on déverse soigneusement dans les compartiments pour éviter le délavage du béton par l'eau qu'ils contiennent.

On assure le tassement complet de ces blocs sur la digue,

après remplissage, en les surchargeant de trois assises de blocs artificiels de 14 mètres cubes ; cette surcharge n'est enlevée qu'au bout de trois mois. La jonction de deux blocs consécutifs peut alors se faire en empilant, dans l'intervalle de 1 mètre qui les sépare normalement l'un de l'autre, des sacs de ciment qui font prise au contact de l'eau de mer.

Sur ces caissons s'élève ensuite le mur de quai en maçonnerie de moellons, supportant un couronnement en pierres de taille. Ce mur comporte, de distance en distance, des échelles de sauvetage et des escaliers permettant l'accès aux petites embarcations ; dans la maçonnerie sont scellés, pour l'amarrage des bateaux, des organeaux (anneaux) et des bollards (sortes de gros champignons de fonte). Enfin on remblaie l'intervalle compris entre le mur de quai et le mur abri pour constituer le terre-plein destiné aux manutentions des marchandises. La surface de ce terre-plein se présente définitivement sous l'aspect d'une chaussée empierrée ou pavée.

Ces travaux ont été exécutés par M. Léon Chagnaud, l'entrepreneur bien connu pour sa traversée de la Seine par le Métropolitain, entre la place Saint-Michel et le Châtelet, dont nous parlerons dans un prochain chapitre.

Ajoutons que la construction de la jetée et celle des deux éléments de traverses qui limitent, du côté du large, le bassin de la Madrague, ont absorbé 300 000 mètres cubes de pierrailles, 350 000 mètres cubes de moellons, 150 000 mètres cubes de blocs de première catégorie, 150 000 mètres cubes de blocs de deuxième catégorie, 75 000 mètres cubes de blocs de troisième catégorie, plus 1 200 000 mètres cubes de pierrailles provenant du souterrain de Rove, incorporés à la digue ou mis en remblai derrière le mur de quai, 3 200 blocs cubant 45 000 mètres cubes, enfin 38 caissons pour la construction desquels on a employé 35 000 mètres cubes de béton de ciment et, pour le remplissage, 55 000 mètres cubes de chaux hydraulique.

Il nous reste à dire quelques mots de l'extension du port

de Marseille vers l'étang de Berre par Port-de-Bouc-Caronte-Martigues, réunis par un canal maritime (fig. 83).

Ce canal, dont l'aménagement se poursuit sans arrêt, aura une largeur de 50 mètres au plafond et 10 mètres de profondeur au-dessous du zéro de l'échelle de la mer. La largeur sera de 120 mètres entre les crêtes des talus. Le canal pourra ainsi recevoir des cargos de 19 mètres de largeur et de 9 mètres de tirant d'eau.

D'autre part, l'étang de Caronte sera transformé en un vaste port de telle sorte que Port-de-Bouc et l'étang de

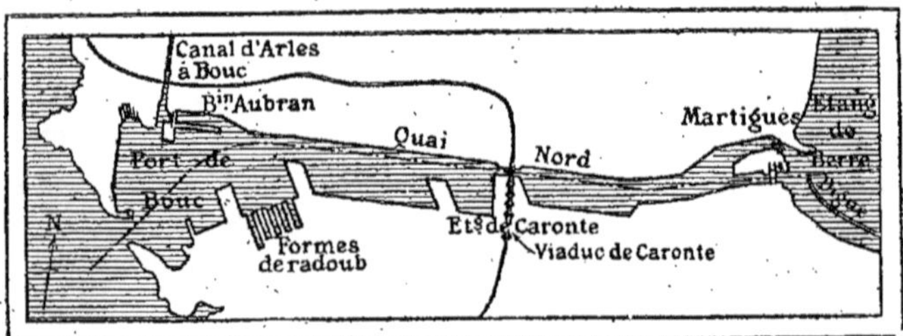

Fig. 83. — *Extension du port de Marseille entre l'étang de Berre et Port-de-Bouc.*

Caronte constitueront un port unique limité au Nord par un vaste quai avec gare maritime et au Sud par des bassins de radoub et des môles formant de vastes darses dont la plus importante aura 1 000 mètres de longueur et 450 mètres de largeur.

Lorsque ces travaux seront terminés, le groupe maritime Port-de-Bouc-Caronte-Martigues livrera à la navigation 140 hectares de surface d'eau pour les bassins et passes ; 60 hectares de surface d'eau pour les avant-ports, 14 kilomètres de quais ayant une surface de 250 hectares.

Quant à l'étang de Berre, on se contentera vraisemblablement d'établir des bassins ouverts, sans quais, où les vapeurs déchargeront leurs marchandises directement dans des chalands qui les transporteront jusqu'au rivage en vue de leur embarquement sur des wagons, ou, plus simplement, aux usines établies autour de l'étang, dont les rives offrent toutes les ressources avec leur développement de 78 kilomètres.

LE HAVRE. ⌀ ⌀ C'est un port artificiel établi en rade foraine sur côte meuble. Créé en 1517 par ordre de François Ier, il ne fut d'abord qu'un simple avant-port protégé par deux jetées embryonnaires. La jetée Nord dut continuellement être allongée pour lutter contre l'envahissement des galets arrachés aux falaises de La Hève et du Pays de Caux.

Le *bassin du Roi* fut creusé par Richelieu en 1628 et, en 1667, on le sépara du port par une écluse pour en faire un bassin à flot. En 1792, on crée le *bassin du Commerce*, agrandi en 1834 en même temps que le *bassin de la Barre*. Celui du Commerce a 562 mètres de longueur, 96 mètres de largeur et un développement de quais de 1 235 mètres avec 2 ha. 70 de terre-pleins. Celui de la Barre a 450 mètres de longueur, 5 ha. 10 de surface d'eau, 400 mètres de quais et 3 hectares de terre-pleins ; il communique avec l'avant-port par une écluse sans sas et sert de lieu d'escale aux paquebots du service postal entre la France et l'Amérique. Le *bassin de l'Eure* fut mis en service en 1855 : il a une superficie de 21 ha. 30, 1 940 mètres de quais, 7 ha. 33 de terre-pleins. Le *bassin Vauban* fut construit presque en même temps avec une surface d'eau de 7 ha. 50, 1 235 mètres de quais et 2 ha. 70 de terre-pleins. Puis successivement sont mis en service, en 1859, le *bassin du Dock*, qui communique avec celui de l'Eure, d'une superficie de 4 ha. 40, 1 180 mètres de quais et 2 ha. 40 de terre-pleins ; le *bassin de la Citadelle*, en 1871, divisé en deux darses par un môle, de 6 hectares de surface d'eau, 1 165 mètres de quais et 4 ha. 10 de terre-pleins ; dans ce dernier s'ouvrent trois formes de radoub.

Dès lors, les terrains à creuser manquent et le *bassin Bellot* sera pris en emprise sur la mer ; divisé en deux parties mises successivement en service en 1875 et en 1887, il a une surface totale de 21 ha. 21, 2 380 mètres de quais et

17 ha. 96 de terre-pleins. De sorte que, en 1887, le port du Havre comprenait 9 bassins à flot d'une surface totale de 72 ha. 11 avec 11 130 mètres de quais et 42 ha. 18 de terre-pleins, auxquels il convient d'ajouter 21 ha. 87 de surface d'eau et 1 985 mètres de quais pour l'avant-port et le bassin de mi-marée.

A ce moment, le port présentait beaucoup d'imperfections : alluvions de la Seine menaçant d'obstruer le chenal orienté vers le Sud-Ouest, chenal tortueux et impraticable pour les navires dont les dimensions augmentent rapidement; pas d'écluse à sas qui permette l'entrée permanente dans les bassins. Alors un projet de reconstruction intervient. L'ancienne entrée disparaît ainsi que le bassin de mi-marée; la jetée Sud est détruite avec les ouvrages établis en arrière ; la jetée Nord n'est plus qu'un poste à signaux. Le nouvel avant-port, pris tout entier sur la mer, est protégé par deux digues ; celle du Nord a 850 mètres de longueur, celle du Sud 875 mètres ; la passe a 200 mètres de largeur et le chenal 4 kilomètres de longueur; la surface d'eau du nouvel avant-port a 78 hectares. Du côté de l'estuaire est construit le quai de marée, de 500 mètres de longueur, creusé sur toute sa longueur à 9 mètres au-dessous du zéro afin de recevoir les plus grands transatlantiques. Le bassin de l'Eure est mis en communication avec l'avant-port par une écluse à sas, l'écluse de la Floride, longue de 241 mètres et large de 30.

Tel quel, le port du Havre peut être considéré comme se divisant en trois parties : le premier avant-port, le second avant-port constituant une sorte de bassin de marée, et les bassins. Les bassins du Roi, du Commerce, de la Barre, trop peu profonds, ne servent plus qu'aux petits voiliers, aux navires de plaisance, aux bateaux de pêche. La rive Nord du bassin Vauban est le lieu d'amarrage des charbonniers. Le bassin de la Citadelle est réservé aux petits vapeurs de cabotage, torpilleurs, sous-marins. Le bassin de l'Eure est le domaine des transatlantiques ; il possède trois formes de radoub. Le bassin Bellot accueille les grands navires marchands ; au fond, un petit bassin est réservé au pétrole.

Puis, l'augmentation du trafic et celle des dimensions des navires ont décidé, comme à Marseille, l'établissement d'un nouveau plan d'extension dont les travaux eussent été terminés en 1919, sans la guerre (fig. 84). Ils comportent la création d'un bassin de marée au Sud de l'avant-port et des bassins actuels, en emprise sur la Seine et limités par des digues. Ce bassin a une superficie de 28 ha. 50, divisée en deux darses, celle du Nord ayant un quai de 1 000 mètres

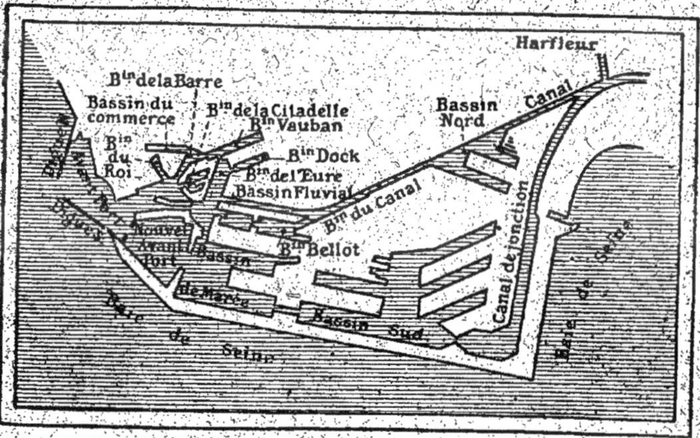

Fig. 84. — *Plan du nouveau port du Havre.*

de longueur, longé, sur 100 mètres de largeur, par une souille creusée à 12 mètres au-dessous du zéro des cartes. Il est limité par trois digues dont deux en maçonnerie élevées sur un soubassement en blocs de béton pesant chacun 83 000 kilogrammes; l'autre digue, celle de l'Est, qui regarde vers la Seine, est faite en bois et pierres sèches. Une forme de radoub est en construction à l'extrémité Est de la darse Nord ; elle mesure 312 mètres de longueur et 38 mètres de largeur, la plus grande du monde construite avec un caisson métallique aux dimensions de la forme. On envisage, pour plus tard, la construction de deux autres formes de radoub de 400 et 450 mètres de longueur.

Observons, en terminant, que les possibilités d'extension du port du Havre, dans l'avenir, sont illimitées, puisqu'il suffit de remonter le lit de la Seine.

BORDEAUX. ø ø Bordeaux est un type de port en rivière dont le manque de profondeur des accès, auquel on s'efforce de remédier, a gêné le développement. Les premiers quais verticaux apparurent en 1844 sur la rive gauche de la Garonne ; en 1894, ils atteignaient 2 342 mètres de longueur. Le premier bassin à flot date de 1869 ; il a une superficie de 10 hectares et 1 770 mètres de quais; il communique avec la Garonne par deux écluses à sas et possède deux formes de radoub.

Un deuxième bassin à flot fut mis en service en 1912 ; il est relié au premier et possède une longueur de quais de 1 000 mètres.

Des quais légers, construits sur la rive droite dès 1844, ont actuellement 1 063 mètres de longueur.

En même temps se sont développées les annexes du port : port de battelage, qui s'étend sur 2 000 mètres en amont du pont de pierre, réservé aux échanges entre la navigation de mer et la navigation intérieure ; il reçoit surtout des morutiers ; Pauillac, qui remplit le rôle d'avant-port et de port de vitesse pour les navires à grand tirant d'eau; Bassens, Blaye. D'autre part, de vastes travaux ont été retardés du fait de la guerre, tels que l'achèvement de cinq nouvelles darses et d'une forme de radoub de 225 mètres de longueur, et la construction d'un port d'escale pour transatlantiques à Verdon.

CHERBOURG. ø ø *Cherbourg* est une rade foraine protégée artificiellement par trois digues ménageant deux passes entre elles; la digue Est a 2 500 mètres de longueur, la digue Ouest 1 900 mètres et celle du centre 3 600 mètres.

BREST. ø ø *Brest* est une des plus belles rades naturelles fermées du monde ; sa superficie est d'environ 3 000 hectares ; elle communique avec la mer par un canal naturel de 650 mètres de largeur, séparé en deux par la

(Cl. de W. Wilson.)

LE PORT DE LONDRES
Type de port en rivière.

(Cl. Neurdein.)

LE PORT D'ANVERS
Port en rivière.

(Cl. Trenkler.)

LE PORT DE HAMBOURG

LE PORT DE NEW-YORK

roche de Maigan. Au fond de la rade, a été aménagé un port de commerce divisé en cinq darses et protégé par une digue parallèle à la côte. L'entrée du port militaire, établi sur la rivière Penfeld, très profonde, est protégée par une digue de 2 100 mètres également parallèle à la côte et par deux autres plus petites de 210 et 600 mètres.

LONDRES. ⌀ ⌀ Londres est, par le mouvement des navires et des marchandises, le plus grand port du monde. C'est un

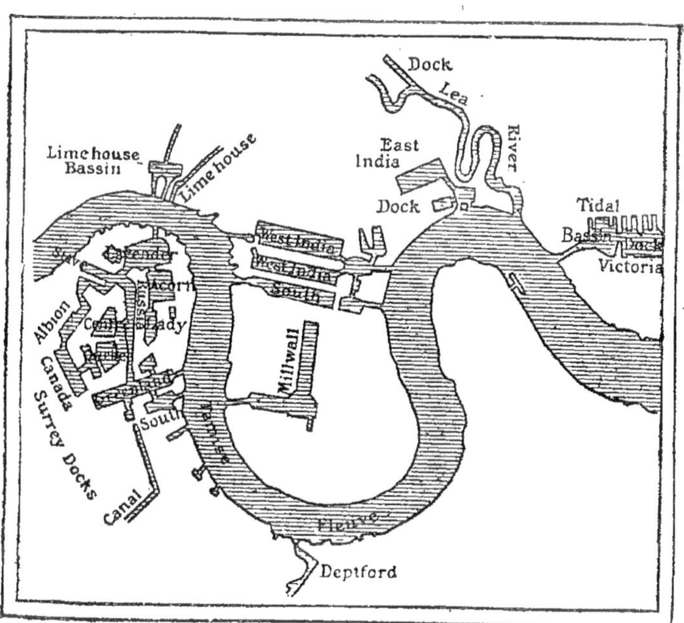

Fig. 85. — *Une partie du port de Londres.*

port en rivière, mais soumis aux dénivellations des marées, dont l'amplitude atteint 6 m. 30 aux marées d'équinoxe.

Le port s'est surtout développé sur la rive gauche de la Tamise ; cependant le premier bassin fut établi en 1660 sur la rive droite. Voici quelle était sa situation en 1914 (fig. 85).

En partant de l'aval, on trouve le *Saint-Catherine's Dock* (le mot *dock* signifie *bassin*) de 5 ha. 65 de superficie ; les *London Docks* de 15 ha. 7 entourés de 45 hectares de magasins. Sur la rive droite, les *Surrey Commercial Docks* comprennent seize bassins, dont dix réservés aux céréales et six à la manutention du bois, communiquant avec la Tamise par quatre écluses ; leur surface totale est de 76 hectares, et ils ont 6 200 mètres de quais. Les *West India Docks*, situés dans la presqu'île nommée *Isle of Dogs*, comportent trois bassins, dont l'un, réservé au trafic d'importation, est nommé *Import Dock* ; un autre, celui du milieu, réservé à l'exportation, est dénommé *Export Dock* ; leur surface totale est de 39 hectares ; ils sont servis par 63 hectares de terre-pleins et pourvus de magasins frigorifiques pour le stockage des viandes congelées.

Les *East India Docks* comprennent trois bassins de 12 hectares ; avec les précédents, ils ont 9 500 mètres de quais ; le maintien de leur profondeur exige chaque année le dragage de 100 000 tonnes de vase.

Au sud de la presqu'île *Isle of Dogs*, s'ouvrent les *Millwall Docks* en deux bassins de 14 ha. 7 avec 2 800 mètres de quais.

Dans un coude de la Tamise, en face Woolwich, se trouvent les docks *Victoria* et *Albert* ; le premier était, avant la guerre, le plus grand bassin de Londres (900 × 300 mètres). Sa surface est de 33 hectares, y compris celle d'un petit bassin voisin, et sa longueur de quais utilisable de 6 200 mètres. Le *Royal Albert Dock* est relié au premier et à la Tamise par un bassin de 6 hectares. Il a 2 500 mètres de longueur et 150 de largeur ; sa longueur de quais est de 4 800 mètres. Il possède deux formes de radoub de 153 × 125 mètres. Dans le *Victoria Dock*, se trouve un engin de radoub du système Clarke, dont la plate-forme mobile est soulevée par trente-deux presses hydrauliques disposées sur deux rangs. Les terre-pleins ont une superficie totale de 182 hectares, dont 30 sont occupés par des magasins ou hangars. Là encore nous trouvons des magasins frigorifiques d'une contenance de 24 000 mètres cubes.

Vers 1890, furent mis en service, à 42 kilomètres en aval de Londres, les *Tilburys Docks*, destinés à recevoir les plus grands navires à toute heure de la marée. Ils comportent un avant-port, ouvert sur la Tamise, de 8 hectares de superficie, communiquant avec les bassins par une écluse à sas de 215 mètres de longueur, 24 m. 40 de largeur et profonde de 13 m. 40. Deux formes de radoub sont disposées parallèlement à l'écluse. Le dock comporte trois darses ; sa surface totale est de 21 hectares, et les quais ont 3 600 mètres de développement.

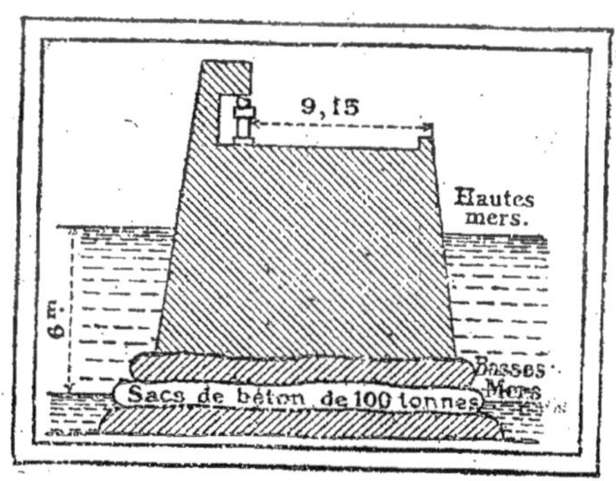

Fig. 86. — *Môle de Newhaven. Type de môle construit sur des sacs de bétons de ciment,*

Dès 1910, on mit à l'œuvre un programme d'améliorations actuellement très avancé. On s'est préoccupé tout d'abord de régulariser le cours de la Tamise et d'en porter la profondeur minimum à 9 m. 10 jusqu'au *Royal Albert Dock ;* tous les bassins ont été agrandis et d'autres creusés.

Les travaux les plus importants sont ceux du *Royal Albert Dock*, auquel s'ajoute, au Sud, un bassin de 1 372 m. 50 de longueur et de 152 m. 50 à 213 m. 50 de largeur ; sa surface est de 26 hectares, et il peut recevoir quatorze navires des plus grands actuellement en service. Il comporte sept appontements en ciment armé de 158 m. 50 de longueur, qui permettront aux péniches de recevoir directement les marchandises des navires en accostant à l'intérieur des appontements. A l'Ouest est également établie une forme de radoub de 288 m. 75 × 30 m. 50. Enfin il communique avec la Tamise par une écluse de 214 mètres de longueur, 30 m. 50

de largeur et 13 m. 70 de profondeur, dont la longueur peut être portée à 276 m. 50 par l'emploi d'un bateau-porte.

ANVERS. ⌀ ⌀ Les deux premiers bassins d'Anvers, qui est, lui aussi, un port en rivière, ont été construits sur l'ordre de Napoléon Ier et ouverts à la navigation en 1811.

A l'heure actuelle, les installations du port comprennent deux parties distinctes : d'un côté, les bassins à flot pour la navigation maritime, situés au Nord de la ville, dont la surface d'eau est de 156 hectares avec un développement de 19 500 mètres de quais et, de l'autre côté, 5 500 mètres de quais sur l'Escaut. Les plus importants des bassins sont : le *bassin de Kattendijk*, long de 960 mètres, large de 140 et profond de 7 m. 18, dans lequel s'ouvre le *bassin au Bois*, de 520 mètres × 150 et 8 m. 38 de profondeur, qui communique lui-même avec le *bassin de la Campine*, de 350 × 160 mètres, et avec le *bassin d'Asie*, de 610 mètres × 100 mètres. Le bassin de Kattendijk est également relié par un petit bassin avec le *bassin Lefèvre*, de 12 ha. 90 de superficie et avec le *bassin d'Amérique*. Tous ces bassins n'ont d'accès sur l'Escaut que par trois écluses.

Le *bassin-canal*, mis en service en 1907, a servi de base aux récents agrandissements du port. Il mesure 655 mètres de longueur, 250 mètres de largeur et sa profondeur est de 10 m. 10. Sur lui s'embranchent trois darses qui viennent d'être terminées, les travaux ayant été retardés par la guerre. On travaille à l'achèvement du bassin aux grains et à un autre bassin parallèle au bassin-canal. Malheureusement, les bassins ne sont encore accessibles que par les bassins et écluses du vieux port.

Autrefois, le port du pétrole se trouvait dans le bassin d'Amérique, qui pouvait stocker dans trente-cinq réservoirs et quatre parcs 78 millions de litres de pétrole. Aujourd'hui, la manutention du pétrole se fait par une installation spéciale située en amont des quais. Elle comporte un terre-plein de 30 hectares de superficie, contenant quarante réservoirs à pétrole, neuf réservoirs à essence, et, plus près de la rive, vingt-deux réservoirs pour les huiles lourdes. Les navires chargés de pétrole, pour la plupart des bateaux-citernes, accostent contre un appontement de 330 mètres de longueur qui peut recevoir trois vapeurs à la fois. Le déchargement s'opère par pompage.

Les installations destinées à la navigation intérieure comportent le *bassin de Loobrœk,* qui communique avec le

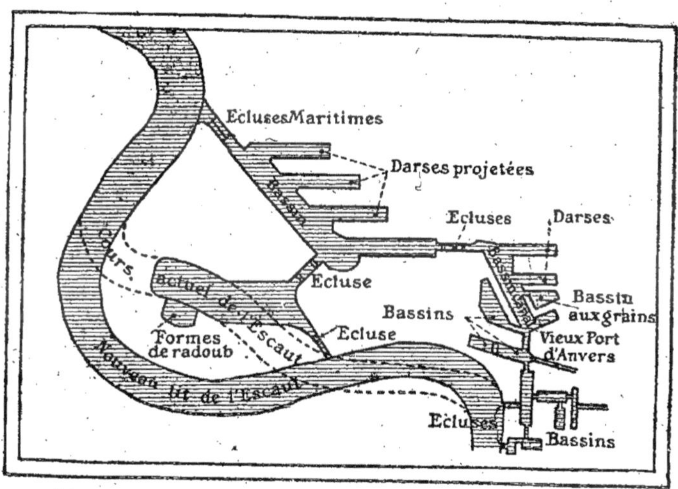

Fig. 87. — *Projets d'agrandissement du port d'Anvers.*

canal de la Campine ; en aval, sont disposés parallèlement à l'Escaut le *bassin des Bateliers,* le *bassin au Charbon* et le *bassin aux Briques.*

La difficulté d'accès aux bassins a congestionné le port d'Anvers, les navires ne pouvant stationner dans l'Escaut pour attendre leur tour d'accostage aux quais, car le fleuve est trop étroit et trop sinueux. Les grandes lignes de navigation auraient donc tendance à lui préférer le port voisin de Rotterdam. C'est pourquoi on a mis sur pied et commencé à exécuter un vaste projet d'agrandissement, dont on verra les grandes lignes dans la figure 87 ci-dessus. Ce projet comporte notamment un détournement et une amélioration du cours de l'Escaut entre Anvers et le coude de Kruisschaus, avec la création d'un bassin-canal à niveau dans lequel s'ouvriront des darses gigantesques. Une partie de l'ancien lit sera également convertie en un bassin immense dans lequel s'ouvriront sept formes de radoub géantes.

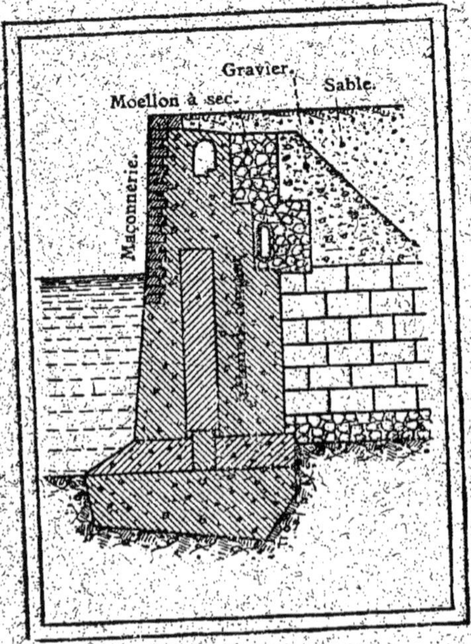

Gravier.
Sable.
Moellon à sec.
Maçonnerie.

Fig. 88. — *Quai d'Anvers nouveau.*

ROTTERDAM.

Rotterdam a pris rang aux côtés d'Anvers et de Hambourg après la déviation du cours de la Meuse, vers le milieu du siècle dernier.

L'amplitude de la marée n'étant que de 1 m. 31 en moyenne, on a pu établir, pour la navigation maritime, des bassins ouverts communiquant directement avec la Meuse. Comme Rotterdam est avant tout un port de transbordement dans lequel les navires déchargent leurs cargaisons directement dans des péniches et font leur chargement dans les mêmes conditions, ce qui n'exige pas leur mise à quai, tout le lit de la rivière fait office de port presque au même titre que les bassins. C'est ainsi qu'entre la limite Ouest de la ville et le pont Guillaume sont disposés soixante-deux corps-morts pouvant servir à l'amarrage de trente et un navires (fig. 89).

Il existe, sur la rive droite de la Meuse, une trentaine de bassins ayant une surface totale de 60 à 65 hectares. Sur la rive gauche, il y en a quatorze avec une surface d'eau de 430 hectares. En y ajoutant les quais établis le long du fleuve et les appontements, la rive droite et la rive gauche possèdent un développement de quais d'une vingtaine de kilomètres chacune.

Les vieux bassins se trouvent sur la rive droite ; de 1907 à

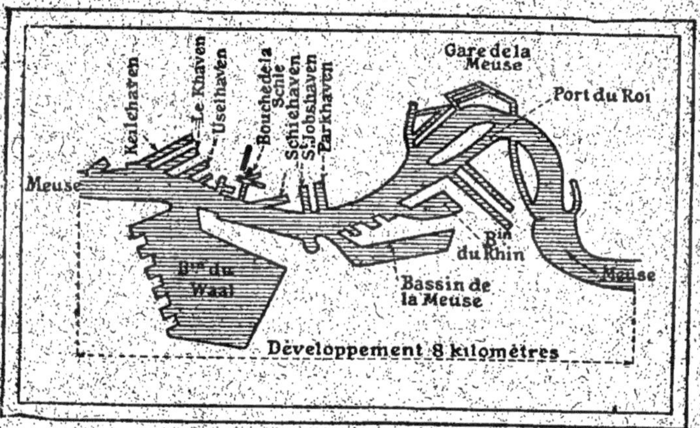

Fig. 89. — *Port de Rotterdam.*

1917 en ont été établis de nouveaux : *bassin du Parc* (440 × 120 mètres) ; *bassin Saint-Job* (350 × 100 mètres) ; *bassin de Schie* (350 × 120 mètres) ; *bassins de Kous*, de l'*Ijssel*, de *Lek*, de *Keile*.

La figure montre l'importance des bassins de la rive gauche. Signalons le *bassin de Nassau*, de 600 m. de longueur et de 50 à 80 mètres de largeur, bordé d'installations industrielles ; le *bassin Intérieur*, de 1 000 mètres de longueur et 40 à 80 mètres de largeur, profond de 7 mètres à 7 m. 50 ; le *bassin de l'Entrepôt*; le *bassin Spoorweg*, de 1 000 mètres sur 115 mètres et de 8 mètres de profondeur, aménagé pour permettre aux navires de décharger directement les marchandises dans les wagons et *vice versa* ; le *bassin du Rhin*, de 30 hectares de superficie, profond de 7 m. 50 à 9 mètres, dans lequel on a établi 19 ducs-d'Albe pouvant servir à amarrer 15 navires ; il est fréquenté par les navires qui prennent ou déchargent leur cargaison directement dans les bateaux du Rhin ; le *bassin de la Meuse*, large de 320 mètres, avec une surface d'eau de 58 hectares et une profondeur de 8 m. 60, qui contient 25 ducs-d'Albe pouvant servir à l'amarrage de vingt-deux grands navires de mer ; enfin le *bassin du Waal*, dont la surface d'eau est de 300 hectares.

La partie du port réservée aux pétroles et huiles lourdes occupe environ 1 200 mètres de quais sur la rive gauche, et les installations de stockage à terre s'étendent sur plus de 22 hectares.

HAMBOURG. ⌀ ⌀ Port en rivière qui était, avant la guerre du moins, le plus important de l'Europe continentale (fig. 90). De même qu'à Rotterdam, un tonnage énorme de marchandises est transbordé directement de navire de mer à péniche ; pour cette raison, on a donné à la plupart des bassins une grande surface d'eau et on y a établi des rangées de ducs-d'Albe.

Le développement du port date de 1888, année qui vit l'État hanséatique de Hambourg entrer dans le Zollverein allemand, le port restant cependant port franc. Le gouvernement accordait une subvention de 50 millions de marks pour aider aux dépenses d'établissement d'un port devant couvrir 984 hectares. Dès lors, il se développe avec une rapidité incroyable. Sur la rive droite de l'Elbe, on construisit, en aval des anciens bassins, le *Baakenhafen* (*Hafen* veut dire *port, bassin*), et les bassins de la rive droite furent entourés d'une sorte de canal de ceinture débouchant dans l'Elbe, en amont et en aval du port, hors des limites de la zone franche et permettant aux bateaux naviguant sur l'Elbe de passer sans stationner dans le port franc.

Tout l'espace utilisable sur la rive droite étant occupé,

on dut passer à la rive gauche, où fut créé le *Segelschiffhafen*, de 1 400 m. de longueur et 300 m. de largeur; le *Hansahafen*, le *Indiahafen* et le bassin du pétrole, qui ont tous un débouché commun dans l'Elbe. Ils sont entourés par trois autres bassins réservés à la batellerie, qui communiquent entre eux et débouchent par l'un d'eux dans un des bras de l'Elbe, près duquel se trouvent de nombreux chantiers et ateliers de constructions navales. En 1902, le port de Hambourg avait alors 381 hectares de surface d'eau, 15 kilomètres de quais utilisables et une superficie de quais couverte de 270 000 mètres carrés.

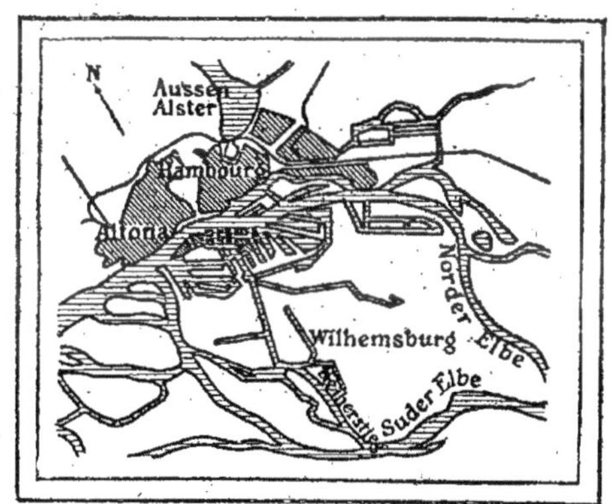

Fig. 90. — *Port de Hambourg.*

Tout cela devint vite insuffisant; on décida de créer encore de nouveaux basins: le *Kuhwaderhafen*, de 22 hectares; le *Kaiser-Wilhelm-Hafen*, de 22 hectares; l'*Elberholzhafen*, de 31 hectares; le *Rosshafen* et un grand bassin pour navires charbonniers; tous ont un débouché commun dans l'Elbe. Les quais de ces bassins sont garnis de quatre cents hangars couvrant une superficie de 137 500 mètres carrés. Le développement total des quais de Hambourg dépasse alors 23 kilomètres.

La zone franche, délimitée en 1888, se trouve ainsi entièrement occupée, et cependant le port avait encore besoin de s'étendre. Un accord, intervenu en 1909 entre Hambourg et la Prusse, cède à Hambourg de nouveaux terrains en aval des bassins existants. Aussitôt on élabore un projet colossal d'agrandissement, qui a subi un commencement d'exécution.

Ce projet comporte l'établissement d'un nouveau bassin à charbon, un grand bassin pour le matériel flottant, un autre pour la navigation fluviale, un bassin de pétrole destiné à remplacer celui qui existe avec des terre-pleins très étendus permettant d'établir un stockage de grande capacité, et enfin un grand port pour navires de mer qui comprendra un avant-port avec cercle d'évitement (espace pour permettre aux navires d'évoluer sans gêner leurs voisins), de 500 mètres de diamètre, et trois darses géantes dont deux de 300 mètres et une de 260 mètres de largeur. Ces travaux ont commencé en 1912.

Le port de Hambourg est complété, à l'embouchure de l'Elbe, par celui de Cuxhaven, qui sert de port d'abri et de port de vitesse pour les grands paquebots de la Compagnie Hambourg-Amerika incapables de remonter jusqu'à Hambourg. Ce port, assez profond pour recevoir les plus grands navires, comporte un avant-port et deux darses d'une surface d'eau de 16 hectares avec 3 kilomètres de quais ; il possède en outre une grande forme de radoub et une gare maritime pour les voyageurs.

NEW YORK. ⸙⸙ La situation géographique de New York, sur une presqu'île, dans une baie formée par les embouchures de deux grands fleuves, l'Hudson et l'East River, et protégée par un chapelet d'îles, n'a pas peu contribué à en faire le plus grand port d'Amérique et le rival direct de Londres et de Hambourg pour la place de premier port du monde. La baie de New York et les estuaires des deux fleuves offrent à la navigation une des rades naturelles des mieux protégées et dont la superficie atteint 300 kilomètres carrés (fig. 91).

Le port de New York s'est tout d'abord étendu sur la rive de l'île de Manhattan, baignée par l'Hudson, puis en face à Hoboken et ensuite sur les deux rives de l'East River, celle de l'île de Manhattan et celle de Brooklyn ; peu à peu, toute la place étant occupée dans la ville même et ses faubourgs, le port a débordé sur toutes les baies.

Comme l'amplitude des marées ne dépasse guère 1 m. 50, et les profondeurs étant suffisantes, le port a été établi en port en eau profonde, de sorte que les installations sont de préférence conquises sur l'eau. Dans certains cas, il a fallu, cependant, procéder à des emprises sur les terrains de la rive.

Il présente un aspect tout à fait particulier. Des quais ont été construits le long des rives, et de ces quais partent une quantité de *piers* (jetées) perpendiculaires à la rive, laissant entre eux de petites darses qui ne comportent généralement qu'un seul poste de navire. Ces *piers* sont constitués pour la plupart par des pilotis en bois solidement enfoncés et entretoisés, surmontés d'un plancher en béton armé recouvert d'une couche d'asphalte. Lorsque parurent les paquebots géants comme l'*Olympic*, l'*Imperator*, etc., il fut nécessaire d'allonger les *piers* ; mais, comme ils étaient établis sur chaque rive de l'Hudson, le port serait vite devenu trop étroit. Aussi se décida-t-on à établir des *piers* géants dans la partie Sud de Brooklyn. Les plus grands ont 493 mètres de longueur sur 45 m. 75 de largeur.

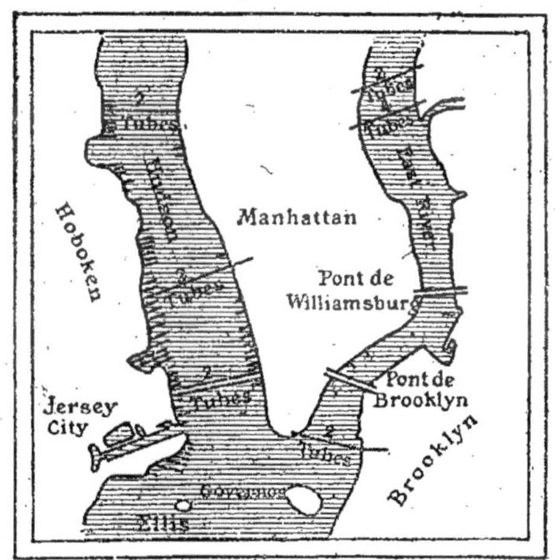

Fig. 91. — *Plan de New York, avec son port et ses tubes.*

Quant aux bassins que l'on trouve dans le port de New York, ils répondent à des besoins spéciaux. Ce sont des bassins à grande surface et faible profondeur où les bois flottés envoyés par les différents fleuves débouchant dans le port sont manutentionnés.

En 1910, le mouvement du port de New York atteignait 25 600 000 tonnes, dépassant celui d'Anvers (25 323 843 tonnes) et celui de Hambourg (22 300 000 tonnes).

SYDNEY. ⸙⸙ Le port de Sydney mérite une mention spéciale, non seulement parce qu'il est établi dans la plus belle rade naturelle du monde, mais aussi parce qu'il est installé d'une façon extrêmement moderne. La rade communique avec la mer par un goulet : large de 2 800 mètres à l'entrée, il n'a plus que 1 100 mètres à son extrémité intérieure. Elle s'enfonce de 21 kilomètres dans les terres, et sa surface est d'environ 5 780 hectares, dont 1 215 offrent des fonds de 10 m. 70 à 48 m. 80 aux plus basses mers. En aucun point il n'a été nécessaire d'élever des protections artificielles ni même de procéder à des dragages.

Bien que la marée atteigne une amplitude de 2 m. 40, les fonds sont tels que l'on dispose toujours de profondeurs suffisantes à tous les quais pour tous les navires ; aussi a-t-on pu établir des bassins ouverts partout.

Quelques criques ont été aménagées dans le voisinage de Sydney, bordées d'un quai pour sept postes de paquebots, de 1 134 mètres ; c'est la baie de Woolloomooloo, réservée aux marchandises, coupée en son milieu par un môle de 348 mètres de longueur ; c'est ensuite la baie de Walsh, dont le côté est bordé de quais d'où partent des môles formant cinq darses ; les môles portent des hangars à deux étages, car la côte est si accore que les terre-pleins ne peuvent avoir beaucoup d'étendue ; le second étage des hangars est relié par des ponts à une route qui passe à un niveau supérieur à celui des quais.

Dans une baie étroite et profonde, on a établi quatre-vingt-huit postes de navires disposés dans une série de petites darses. Les derniers môles construits à Pyrmont, beaucoup plus grands, sont réservés à la manutention du charbon. A Milles's Point sont disposés, le long d'un quai, des postes capables de recevoir les plus grands paquebots.

Plus loin vient la baie Jones, où les chemins de fer de l'État ont établi une gare maritime ; elle est pourvue de deux môles, dont le principal a 366 m. de longueur et 77 m. 80 de largeur. Enfin, l'île de Glebe comporte une installation spécialement outillée pour la manutention du blé.

Le port est doté de quatre formes de radoub, de cinq docks flottants et de nombreuses cales de construction ou *slips* réparties dans différentes baies.

HONG-KONG. ⚬⚬ C'est le plus important port d'escale de l'Orient. Il est établi, lui aussi, dans une baie naturelle merveilleusement disposée et abritée entre l'île de Hong-Kong et le continent chinois. Tous les navires faisant route d'Europe en Orient, et *vice versa*, sont obligés d'y passer. Il ne s'y fait cependant pas actuellement grand commerce ni grande manutention de marchandises ; la grande industrie est la réparation des navires. La rade, fort peu aménagée, ne possède pas de quais ; les navires mouillent sur des corps-morts, blocs de béton ou de fonte immergés dans la baie. On a cependant construit dernièrement, sur la presqu'île de Knowloon, un port de refuge contre les typhons protégé par une digue.

Avant la guerre, il y avait sept bassins de radoub dont le plus grand a 240 mètres de longueur et 36 m. 60 de largeur. On y trouve aussi un grand nombre de cales de halage et de cales de construction, la plupart servant à la fabrication de bateaux indigènes ou de petits vapeurs : elles appartiennent à des Chinois.

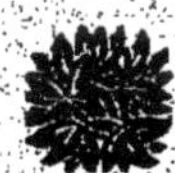

CHAPITRE VI

LES TUNNELS

Généralités. ‖ Le Mont-Cenis. ‖ Le Saint-Gothard. ‖ Le Simplon. ‖ Tunnel du Lœtschberg. ‖ Le tunnel de Rove.

GÉNÉRALITÉS. ❧ ❧ Une galerie souterraine qui livre passage à une voie ferrée, à une route, à un canal, est un tunnel. Le tunnel est presque toujours recouvert intérieurement d'une maçonnerie dont l'épaisseur dépend de la nature des terrains traversés. Dans les roches consistantes, la maçonnerie n'intervient pour ainsi dire que comme parement ; mais, dans les terrains mous, marécageux, dans les sables plus ou moins humides, elle joue un rôle essentiel, puisqu'elle supporte tout le poids du terrain environnant. On lui donne alors des épaisseurs parfois considérables.

Dans un tunnel, la partie basse, le sol s'appelle le *radier* ; les côtés sont les *piédroits*, verticaux, courbes ou obliques qui portent la *voûte* de part et d'autre. La partie supérieure de la voûte est la *clé*. Dans les tunnels courants, les voûtes sont généralement à *plein cintre* (demi-circonférence) ou *elliptiques*. La face intérieure de la voûte est désignée sous le nom d'*intrados* par opposition à la face extérieure, en contact avec le sol, qui est l'*extrados*.

Nous nous en tiendrons à ces simples définitions pour l'instant ; la description des ouvrages que nous allons étudier nous fournira l'occasion de compléter notre vocabulaire.

LE MONT-CENIS. ❧ ❧ La série des grands tunnels mondiaux fut inaugurée par le percement du Mont-Cenis, entre la France et l'Italie, commencé en 1857, des deux côtés de la frontière à la fois. L'humanité appartenait encore à l'époque héroïque, du moins il faut le croire, puisque la montagne fut attaquée, au pic, ainsi qu'auraient pu le faire les Romains. En trente-huit mois, on avait avancé de 725 mètres, soit une progression moyenne de 63 centimètres par jour !

Mais, en 1861, en présence de résultats aussi peu encourageants, on décida de mettre à l'essai les premières perforations penumatiques, ce fut presque un désastre : en un an, le souterrain n'avait avancé que de 170 mètres ! Cependant, les perfectionnements apportés aux outils, l'expérience des ouvriers et la réduction des dimensions de la galerie triomphèrent finalement de tous les obstacles, de toutes les difficultés et, en août 1871, le premier train franchissait les 12 849 mètres du tunne (fig. 92).

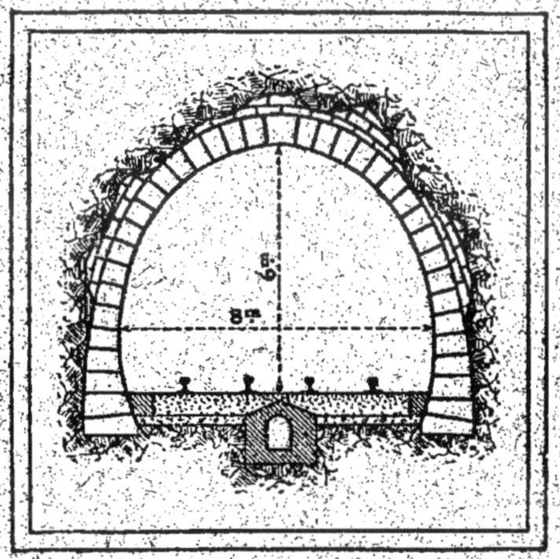

Fig. 92. — *Coupe du tunnel du Mont-Cenis.*

Rappelons que l'idée d'actionner des outils par l'air comprimé appartient au mécanicien français Pecqueur, qui l'avait déjà exposée en 1848. Un peu plus tard, un autre mécanicien, Andraud, réussit même à faire fonctionner une locomotive à air comprimé. Puis Daniel Colladon, professeur à l'Université de Genève, posa le principe du transport à distance de cette nouvelle force motrice, et ses appareils furent mis en service pour la première fois au souterrain du Mont-Cenis par les ingénieurs chargés de l'exécution des travaux : Sommeiller, Grandis et Grattoni. C'est à eux que l'on doit le bélier compresseur qu'ils imaginèrent pour produire l'air sous pression utilisé dans les premières perforatrices à main, remplacées d'ailleurs bientôt par des machines à plusieurs fleurets.

La perforatrice fut donc l'âme du percement, et la poudre de guerre le puissant marteau qui brisa la résistance de la montagne. Mais l'air comprimé rendit encore un service d'un autre ordre, non moins intéressant, en permettant l'aération des chantiers. En vingt heures, dit Louis Figuier, les dix compresseurs, mis en action du côté de Bardonnèche, jetaient 3 240 000 litres d'air frais et pur qui renouvelait ainsi l'air vicié par les lampes et par l'explosion des mines.

Comme il est impossible d'attaquer un souterrain sur toute la surface de sa section à la fois, on procède toujours par l'ouverture d'une galerie, dite *galerie d'avancement*, à l'extrémité de laquelle se trouve le *front d'attaque*. Au Mont-Cenis, la galerie d'avancement fut creusée au niveau du sol du futur souterrain, afin de faciliter les déplacements des perforatrices : ce procédé fut critiqué à l'époque, parce qu'il oblige les ouvriers à travailler de bas en haut pour agrandir la brèche. Il n'a pas été maintenu au cours des autres travaux similaires.

LE SAINT-GOTHARD. ø ø L'entreprise fut plus pénible et plus difficile que la précédente en raison de l'étendue de l'ouvrage d'abord et, ensuite, des infiltrations qui se produisirent (fig. 93).

Le tunnel a, en effet, 14 984 mètres de longueur; il pénètre dans la montagne, du côté de Gœschenen, à une altitude de 1 109 mètres au-dessus du niveau de la mer et, du côté d'Airolo, à 1 145 mètres. Les dimensions intérieures sont les mêmes que celles du tunnel du Mont-Cenis : 6 mètres de hauteur sous clé, 7 m. 60 de largeur au niveau du ballast et 8 mètres de largeur à 2 mètres au-dessus. Du côté de Gœschenen, le souterrain traverse un massif de 2 600 mètres de roches granitiques, puis des couches de calcaires desquelles s'échappaient, pendant la construction, d'abondantes sources d'eau.

(Cl. F. de Migien.)

LE TUNNEL DU MONT-CENIS

(Cl. Wehrli.)

LE TUNNEL DU SAINT-GOTHARD

(Cl. Wehrli.)

LE TUNNEL DU SIMPLON

LE TUNNEL DE ROVE (TÊTE NORD)
Vue prise en décembre 1922.

Les travaux commencèrent des deux côtés à la fois du Saint-Gothard à la fin de l'année 1872. Ils furent fréquemment interrompus par des infiltrations qui submergeaient presque les chantiers. La galerie d'avancement fut creusée à la partie supérieure du futur souterrain en lui donnant le profil intérieur de l'ouvrage. Cette galerie était large et haute de 2 m. 50 ; on l'élargissait ensuite.

A 250 mètres en arrière, un autre chantier ouvrait, dans le stross (terrain non déblayé), une sorte de fossé qui descendait jusqu'à la partie basse du souterrain ; dans ce fossé fut creusé un aqueduc pour l'écoulement des eaux. Tous les abatages s'effectuèrent à l'aide de perforatrices et d'explosifs. Quant aux déblais, ils étaient évacués sur des wagons remorqués par des locomotives à air comprimé.

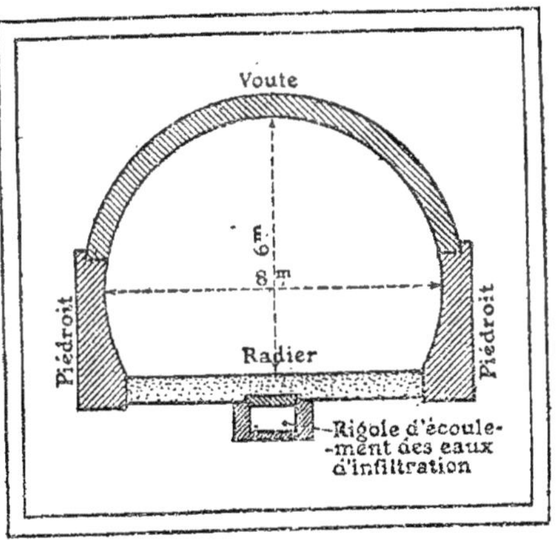

Fig. 93. — *Coupe du tunnel du Saint-Gothard.*

Un phénomène bizarre, constaté pour la première fois, et dont nous retrouverons des manifestations au cours de l'exécution d'autres travaux semblables, causa quelque souci à l'entrepreneur. Sous la vallée d'Unterseren, des couches formées d'une argile compacte, libérées de la pression qu'exerçaient sur elles les roches avoisinantes, se déversèrent dans le souterrain, écrasant les boisages que l'on avait disposés pour les contenir, détruisant même des voûtes maçonnées de 1 mètre d'épaisseur. A un moment donné, il fallut recourir à un revêtement métallique pour les contenir.

Les deux galeries d'avancement se rencontrèrent le 28 février 1880, après avoir parcouru chacune une distance de près de 7 kilomètres et demi à travers le massif.

LE SIMPLON. ⌀⌀ Le tunnel du Simplon se développe sous l'énorme montagne qui lui a donné son nom sur une longueur de 19 825 mètres, dont 9 073 sur le territoire suisse et 10 752 sur le territoire italien. Il appartient à la ligne de chemin de fer Paris-Dijon-Lausanne-Milan, et les trains affectés à ce parcours portent eux-mêmes le nom de Paris-Simplon. C'est le plus long tunnel du monde.

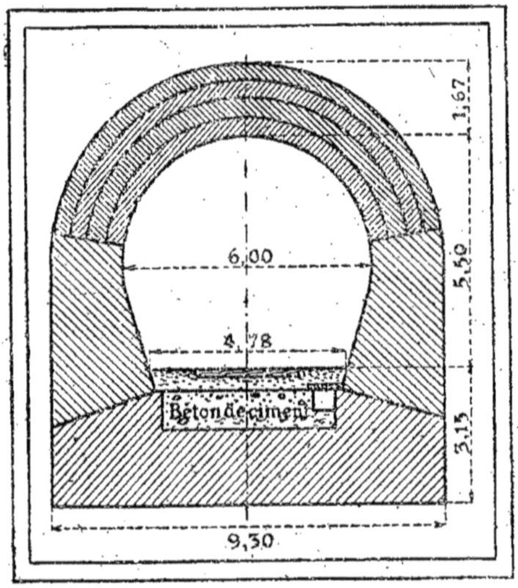

Fig. 94. — *Un profil renforcé du Simplon.*

Après plusieurs projets élaborés de 1860 à 1893, le dernier en date fut accepté. Nous allons en étudier l'exécution, qui concrétise les moyens et procédés modernes de construction des tunnels (fig. 94).

La différence d'altitude entre les deux seuils d'entrée et de sortie est de 53 mètres. Le profil est en dos d'âne ; à partir de la tête Nord (Suisse), la voie suit une rampe de 2 millimètres par mètre sur une distance de 9 kilomètres, à laquelle fait suite un palier de 500 mètres environ suivi d'une pente de 7 millimètres par mètre. Ce profil a été adopté afin de faciliter l'écoulement des eaux de sources que l'on supposait rencontrer pendant le percement.

De tous les tunnels existants, il est non seulement le plus long (Mont-Cenis, 12 849 mètres; Saint-Gothard, 14 984 mètres; Arlberg, 10 240 mètres ; Lœtschberg, 14 356 mètres), mais aussi celui dont les seuils d'entrée et de sortie sont à la plus faible altitude ; aucun des précédents, en effet, n'attaque la montagne à moins de 1 100 mètres au-dessus du niveau de la mer ; le Simplon n'est qu'à 685 m. 70 du côté suisse et à 633 m. 50 du côté italien. Son point culminant est à 704 m. 70 (au-dessus du niveau de la mer), tandis que celui du Mont-Cenis est à 1 294 m. 70, celui du Saint-Gothard à 1 154 m. 60, celui de l'Arlberg à 1 310 m. 60 et celui du

Fig. 95. — *Un des procédés de construction du deuxième souterrain du Simplon.*

Lœtschberg à 1 242 m. 80. Le tunnel, attaquant la montagne près de la base, laisse également au-dessus de lui la masse de rochers la plus élevée qui soit : 2 150 mètres.

Les entrepreneurs avaient proposé la construction de deux tunnels parallèles à voie unique situés à une distance de 17 mètres l'un de l'autre d'axe en axe. Le projet fut accepté mais à la condition de n'excaver entièrement qu'un seul souterrain ; on ne terminerait l'autre que lorsque le trafic l'exigerait. Cette conception, qui pouvait paraître étrange, était motivée par les difficultés prévues et impossibles à vaincre par l'établissement d'une seule galerie (fig. 95).

Il importait, en effet, d'assurer une ventilation suffisante des chantiers, non seulement pour renouveler l'air, mais encore pour abaisser à un degré supportable les hautes températures que l'on s'attendait à rencontrer. (Au Saint-

Gothard, les ouvriers avaient dû travailler dans une atmosphère de 33° en certains points du tunnel.) Or, la quantité d'air nécessaire pour réaliser ces deux obligations devait être si considérable que l'emploi des conduites de transport parut impraticable en raison du diamètre qu'il eût fallu leur donner. La seconde galerie, utilisée comme canal de ventilation, supprimait cette difficulté.

Les deux galeries furent donc creusées de front, celle d'aération sur une plus faible dimension que l'autre, et reliées de distance en distance par des galeries transversales ; mais on ne conservait en service que les deux galeries de raccord extrêmes, les autres étant maçonnées en arrière. L'air introduit par le petit souterrain pénétrait dans l'autre par ces deux ouvertures et s'échappait au dehors après avoir traversé tous les chantiers.

Ce système facilitait également le transport des matériaux, qui joue un si grand rôle dans les travaux souterrains. Les trains pénétraient par la galerie auxiliaire, vides ou chargés de matériaux de construction, selon le cas, et sortaient par la galerie principale avec les déblais. De plus, on eut soin de ménager un canal d'écoulement des eaux dans la galerie secondaire, de sorte que la galerie principale put être débarrassée de toutes les installations accessoires.

Les premiers coups de pioche furent donnés à Brigue (Suisse) et à Iselle (Italie) au mois de mai 1898. La grande galerie était percée le 24 février 1905 et la petite le 6 juillet de la même année.

En réalité, les pioches étaient représentées par des perforatrices hydrauliques Brandt. Ces appareils comportent un corps de pompe à piston rotatif mettant en mouvement une mèche en acier de 70 millimètres de diamètre. L'eau arrive aux outils généralement accouplés par deux sur des chariots montés sur rails, sous une pression de 70 à 100 atmosphères. Dans les roches dures, on perçait de 10 à 12 trous de 1 m. 25 de profondeur dans lesquels on plaçait un explosif dont la déflagration désagrégeait tout un quartier de rocher.

Les difficultés rencontrées au cours de l'exécution de ces

travaux ont été des plus sérieuses. C'est ainsi que la température qui, croyait-on, ne dépasserait pas 40° à 42°, s'est élevée jusqu'à 56°. Avec les moyens ordinaires, on ne parvint pas à l'abaisser suffisamment pour permettre aux mineurs de la supporter. Les ventilateurs, au nombre de deux à la tête de la galerie d'aération, refoulaient cependant environ 30 mètres cubes d'air par seconde. On dut installer d'abord, près du front d'attaque, des injecteurs qui aspiraient l'air de la galerie et le refroidissaient par contact avec un courant d'eau pulvérisé, cette eau étant fournie par une canalisation de 253 millimètres, reliée à une installation spéciale à Brigue. Puis ces injecteurs furent remplacés par des ventilateurs qui refoulaient, sur le front d'attaque, des torrents d'air passant dans des caisses remplies de glace. C'est ainsi, seulement, que les travaux purent être poursuivis.

Du côté de l'Italie, section Sud du tunnel, on rencontra, après 3 800 mètres de souterrain, de nombreuses sources plus ou moins importantes ; vers 4 400 mètres, les sources prirent l'aspect de véritables trombes d'eau sortant aussi bien du sol des galeries que de la voûte et des côtés. Elles débitaient jusqu'à 1 200 litres par seconde d'une eau chaude ou froide. Comme il était impossible d'arrêter ce flot, on lui laissa la liberté, et un large fossé fut creusé pour en faciliter l'écoulement vers la sortie du souterrain. Malgré cette précaution le chantier dut être abandonné ; on continua le percement de la galerie voisine, beaucoup moins attaquée par l'eau, jusqu'à une certaine longueur, puis une galerie latérale permit de reprendre la suite des travaux dans le premier souterrain, dont la zone infranchissable fut ainsi tournée.

Du côté suisse, les sources d'eau chaude arrêtèrent complètement le travail à 10 376 mètres de Brigue ; pour empêcher la galerie d'être inondée, on dut élever de solides portes de fer à 247 mètres en arrière du front d'attaque.

Lorsque les deux galeries se rencontrèrent le 24 février 1905, — le percement avait été continué seulement du côté de l'Italie, — une énorme poche d'eau s'était formée entre le front d'attaque abandonné et le barrage. Cette poche s'écoula alors en torrent vers l'Italie, dès que la mine eut fait sauter le dernier morceau de rocher séparant les deux fronts.

Nous avons vu précédemment qu'au Saint-Gothard s'était produite une invasion de terres argileuses serrées par les roches gigantesques avoisinantes. Un phénomène analogue, mais plus accentué encore, fut observé au Simplon du côté Sud, au kilomètre 7 700, sur une longueur de 41 mètres. Des roches compressibles, également libérées par la présence du souterrain, brisèrent tous les boisages, que l'on dut remplacer par un très solide revêtement de poutres en fer.

Ce fut en décembre 1912 seulement que les chemins de fer fédéraux commencèrent les premiers travaux d'élargissement de la seconde galerie.

Dans la période de temps qui s'était écoulée entre la fin du premier tunnel et cette époque, l'outillage employé antérieurement fut en grande partie abandonné et remplacé par du matériel neuf, qui assurait une plus grande rapidité d'exécution, soit pour la désagrégation des roches, soit pour la manutention des matériaux à l'intérieur du tunnel. Les perforatrices hydrauliques Brandt cédèrent la place à des appareils similaires, mais à air comprimé, perforatrices à percussion extrêmement rapides. Ce fut encore à l'air comprimé que l'on demanda d'actionner les trains lourds à l'intérieur du tunnel. Du côté Nord, des locomotives électriques à accumulateurs assuraient le service concurremment avec les premières. Quant au problème de l'aération, il fut définitivement résolu par l'établissement d'une canalisation de béton armé qui amenait l'air pur à l'origine Nord du souterrain, et une disposition spéciale obligeait cet air à parcourir toute l'étendue de la galerie pour s'échapper par le côté Sud.

Les efforts se portèrent particulièrement sur le point du tracé où les phénomènes de compression de roches s'étaient manifestés pendant les premiers travaux. Ils se reproduisirent d'ailleurs avec des effets variés. Des morceaux de roc, en forme de coquille et de grandeurs variables, se détachaient subitement de la roche saine avec un bruit d'explosion, sans que rien eût pu le faire prévoir, et étaient projetés avec une grande violence à l'intérieur de la galerie. On a fréquemment constaté, en outre, sur le même parcours, des secousses analogues à des tremblements de terre, et assez violentes pour déformer la maçonnerie du premier souterrain.

La guerre interrompit les travaux, qui ne furent terminés, de ce fait, que le 4 décembre 1921.

Le tunnel, entièrement maçonné sur toute sa longueur, a une largeur de 4 m. 50 au niveau des rails et une hauteur de 5 m. 50 entre ce même niveau et la clé de voûte. L'épaisseur de ce revêtement maçonné est variable, elle dépend de la nature et de l'état de la roche à recouvrir. Quand cette roche est solide, la maçonnerie n'a que 0 m. 35 d'épaisseur et le radier est horizontal. Mais dans les passages où l'on a constaté l'existence de fortes pressions, les maçonneries ont été très renforcées. On voit que la largeur maximum du tunnel atteint 9 m. 35 et la hauteur 10 m. 32. La voûte, faite de quatre assises de maçonnerie, a 1 m. 67 d'épaisseur, et le radier a été renforcé d'une forte épaisseur de béton de ciment. Dans les parties humides, des dalles d'asphalte furent appliquées sur l'intrados du souterrain avant la maçonnerie, et des puits en mur sec ménagés pour recevoir et évacuer les eaux d'infiltration. Après achèvement de la maçonnerie, on injecta encore du ciment liquide derrière la voûte afin de remplir tous les vides entre elle et le rocher, ainsi que, sur une certaine étendue, les fissures naturelles ou accidentelles du rocher lui-même.

Dans tous les travaux de ce genre, les méthodes d'exécution dépendent toujours du milieu dans lequel on opère. Les deux souterrains du Simplon ont été creusés de la même manière, en commençant, comme au Saint-Gothard, par une galerie axiale à la hauteur de la partie supérieure de la voûte. Le deuxième souterrain du Simplon a bénéficié de la présence de la galerie construite antérieurement, en ce sens que, une faible épaisseur de rocher séparant la galerie d'avancement de la première, il a été possible d'y tailler des ouvertures pour laisser tomber les déblais dans des wagons placés au-dessous. Le stross était enlevé par un chantier en arrière du front d'attaque, et l'on commençait la maçonnerie par le radier et les piédroits pour terminer par la voûte. Des boisages protégeaient le souterrain contre les éboulements tant que la maçonnerie n'était pas terminée.

Nous verrons plus loin qu'il existe d'autres méthodes de construction des tunnels et que les ingénieurs sont fréquemment amenés par les circonstances à déroger aux règles habituelles.

TUNNEL DU LŒTSCHBERG. ❧❧ Le Lœtschberg est, pour ainsi dire, l'antichambre du Simplon sur la ligne Berne-Spiez-Brigue, électrifiée sur 73 kilomètres, ainsi d'ailleurs que la traversée du Simplon. Cette ligne est extrêmement pittoresque en raison des courbes et des 27 kilomètres de tunnels qu'il a fallu construire pour elle. Elle a nécessité l'enlèvement de 3 millions de mètres cubes de déblais, la construction de 650 000 mètres cubes de maçonnerie. Nous n'insisterons pas sur ces travaux de la ligne proprement dite ; le souterrain seul doit nous intéresser (fig. 96).

Il présente cette étrange particularité que, prévu en tracé rectiligne, il a dû être fortement dévié à la suite d'un éboulement. De sorte que, d'abord en ligne droite, sur 1 202 m. 93, il suit ensuite les deux côtés d'un triangle dont le tracé abandonné constitue la base et qu'il rejoint pour en conserver la direction jusqu'à la fin sur une longueur de 4 007 m. 32. De ce fait, la longueur du souterrain a été portée de 13 735 mètres à 14 605 mètres.

D'autre part, la solution admise pour le Simplon, qui consiste à creuser deux souterrains parallèles à simple voie, n'a pas été adoptée au Lœtschberg pour cette raison qu'elle entraîne une plus grande dépense. La section totale des deux souterrains du Simplon est, en effet, de 70 mètres carrés, tandis qu'en adoptant le principe du souterrain unique à deux voies la section n'est que de 58 mètres carrés seulement. D'où économie sérieuse dans les travaux de terrassement et dans la maçonnerie.

L'accident auquel nous faisons allusion plus haut se produisit à 2 675 mètres de l'entrée nord. La galerie d'attaque était à 180 mètres au-dessus de la vallée de la Kandler, lorsque les mineurs se trouvèrent en présence, non plus du rocher, comme on le croyait d'après les son-

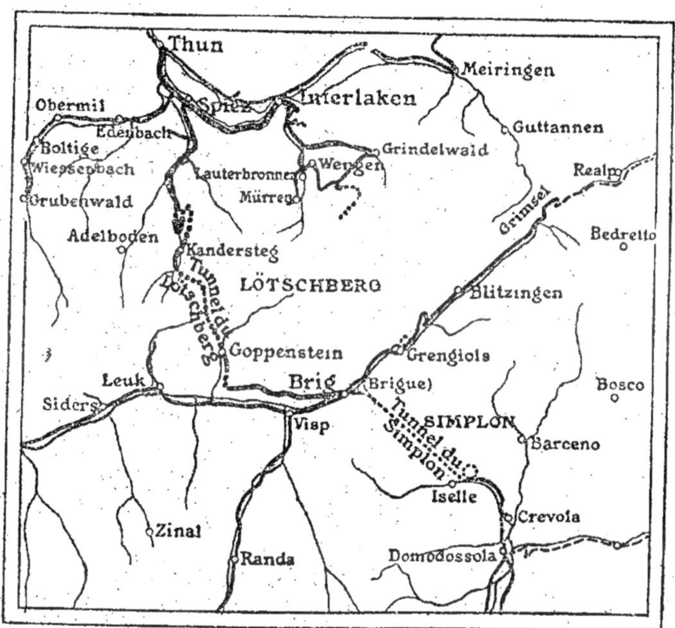

Fig. 96. — *Carte de la région des tunnels du Lötschberg et du Simplon.*

dages, mais d'un cône de sable au-dessus duquel courait le torrent. Les eaux se précipitèrent dans la galerie, entraînant des masses de sable qui l'obstruèrent sur 1 200 mètres ; il fallut l'abandonner et tourner l'obstacle.

La perforation fut effectuée à l'aide de machines à percussion, actionnées par l'air comprimé et groupées par quatre sur des affûts. L'avancement était de 11 mètres par jour, chiffre remarquable et qui n'a probablement jamais été dépassé. Les trains de matériaux étaient également tirés par des locomotives à air comprimé, dont l'air d'échappement ainsi que celui provenant des perforatrices contribuaient à la ventilation des chantiers.

Au moment du percement du tunnel, en avril 1911, le souterrain était élargi à pleine section sur 10 083 mètres et maçonné sur 9 070 mètres. Le 1er novembre de la même année, il avait reçu sa section définitive et toutes les maçonneries étaient terminées le 22 avril 1912. Sa construction a duré cinq ans et quatre mois. Elle est l'œuvre d'un consortium d'entrepreneurs français qui avait confié la direction générale de l'entreprise à M. Chagnaud.

LE TUNNEL DE ROVE. Il peut figurer au nombre des grands tunnels du monde pour plusieurs raisons. La première, c'est qu'il est le souterrain possédant la plus grande section de tous ceux qui existent : 300 mètres carrés contre 70 mètres carrés pour la section totale des deux souterrains du Simplon. De ce fait, le volume de déblai enlevé atteint 2 300 000 mètres cubes, tandis que le Simplon, avec ses deux galeries de près de 20 kilomètres d'étendue, n'a livré que 1 600 000 mètres cubes, le Saint-Gothard 1 million de mètres cubes. Le souterrain qui vient immédiatement après celui de Rove, à ce point de vue, est celui de Condes, sur le canal de la Marne à la Saône, qui a 150 mètres carrés de section ; mais sa longueur n'est que de 307 mètres. Enfin, le souter-

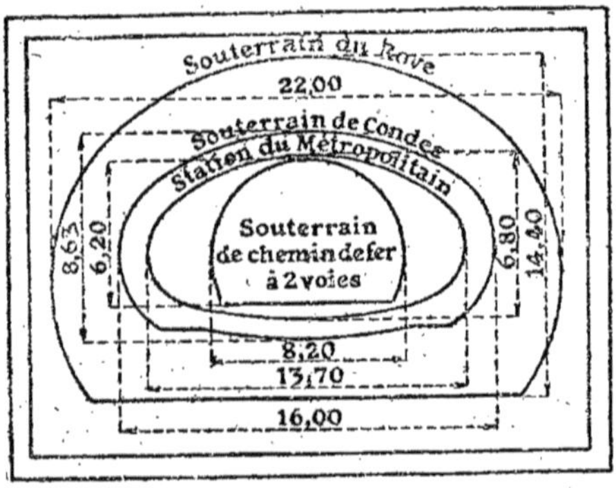

Fig. 97. — *Profil comparatif de divers souterrains.*

rain de Rove est le plus long de tous les tunnels creusés en territoire français (fig. 97).

Nous avons vu, dans le chapitre précédent, qu'il est destiné au passage du canal de Marseille au Rhône. Les travaux commencèrent en 1911, par la tête Sud, côté de Marseille ; on préparait en même temps la tranchée d'accès (tranchée de Gignac), pour atteindre le tunnel par le Nord, qui ne fut attaqué qu'en 1914.

La figure schématique ci-contre montre clairement le mode d'exécution des travaux (fig. 98). Le front d'attaque comprenait simplement le terrassement de la couronne, c'est-à-dire l'excavation strictement nécessaire à la construction de la voûte, depuis la naissance jusqu'à la clé, sur une hauteur maximum de 10 m. 90. On perça d'abord les galeries 1 et 2 (fig. 98) de 7 à 9 mètres carrés de section transversale chacune, la galerie n° 1 étant toujours quelque peu en avance sur l'autre. Entre les deux, chaque 100 mètres, furent creusées des galeries transversales utilisées pour l'aération, les installations d'épuisement d'eau, et comme dépôts d'outils et d'explosifs.

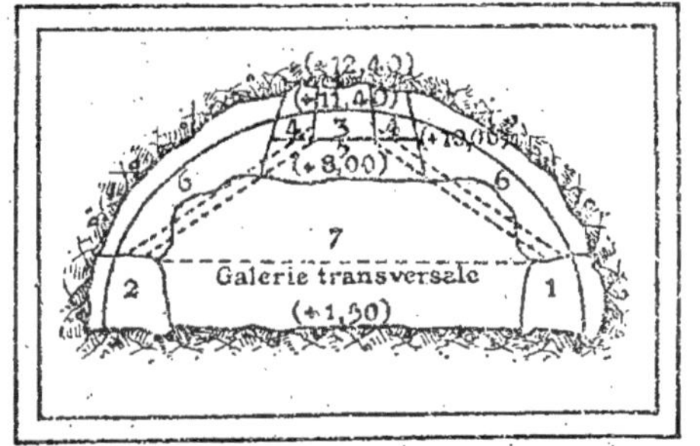

Fig. 98. — *Schéma montrant le mode d'exécution du souterrain de Rove.*

En même temps, on avait encore attaqué le faîte par la galerie 3. Puis, partant des galeries latérales, on creusa, tous les 18 mètres, des cheminées inclinées rejoignant la galerie 3, par lesquelles on évacuait les déblais de la couronne. Cette galerie, de 4 mètres carrés de section, seulement, fut ensuite l'origine d'abatages latéraux (4) suivis d'un déblaiement en profondeur (5) et enfin de grands abatages (6) se prolongeant jusqu'aux deux galeries latérales.

Pendant ce temps, l'origine des voûtes était maçonnée à droite de la galerie 1 et à gauche de la galerie 2, jusqu'à leur plafond, puis les cintres, mis en place, reposant sur le stross, permettaient la construction de la voûte. Ces cintres étaient constitués par de solides pièces métalliques portées par des poteaux en bois.

Les grands abatages (6) et la construction de la voûte ont été exécutés par tronçons de 6 mètres de longueur seulement, il n'y avait jamais qu'un chantier en activité, et l'on n'attaquait le tronçon suivant que lorsque l'anneau de voûte était terminé.

Après avoir procédé à des essais d'abatage de la roche avec une perforatrice sur affût, ainsi qu'il avait déjà fait lui-même au Lœtschberg, M. Chagnaud trouva préférable d'exécuter ce travail à l'aide de marteaux à main actionnés à l'air comprimé, appareils très pratiques à la condition de les adapter aux circonstances locales pour ce qui concerne la vitesse, la percussion, la forme du taillant, etc. Ces outils ont permis de réaliser des avancements quotidiens de 4 m. 50 et même 5 mètres.

L'évacuation des déblais s'est faite dans les galeries sur des voies ferrées de 0 m. 75 par des locomotives à air comprimé à la pression de 100 kilogrammes, ayant une puissance de 200 chevaux. Quant à la ventilation, elle était assurée d'abord par les galeries d'avancement et ensuite en utilisant un puits de sondage, de 140 mètres de profondeur, pour l'installation d'un ventilateur débitant 13 mètres cubes d'air par seconde. On fournissait ainsi aux chantiers 2 mètres cubes d'air par homme et par minute et 200 mètres cubes d'air par kilogramme de dynamite explosée, soit, pour une consommation quotidienne de 400 kilogrammes de dynamite, 80 000 mètres cubes d'air par vingt-quatre heures. Les cent quatre-vingts marteaux à air comprimé en service consommaient chacun 1 mètre cube d'air par minute, apportant encore un appoint notable à la ventilation.

L'étude géologique du souterrain préalablement faite n'avait révélé l'existence d'aucun terrain aquifère ; on pouvait prévoir, tout au plus, l'existence de poches d'eau qui se videraient rapidement. En fait, le débit total des poches rencontrées n'a jamais dépassé 1 000 litres par seconde, il a suffi de creuser des rigoles le long de chacune des galeries latérales pour les évacuer.

Dans les terrains très résistants, il n'a pas été nécessaire de prolonger la construction des piédroits au delà de la banquette de halage, qui a 2 mètres de largeur et borde le canal de part et d'autre sur toute sa longueur. La maçonnerie de voûte n'a d'ailleurs que 0 m. 70 d'épaisseur uniforme.

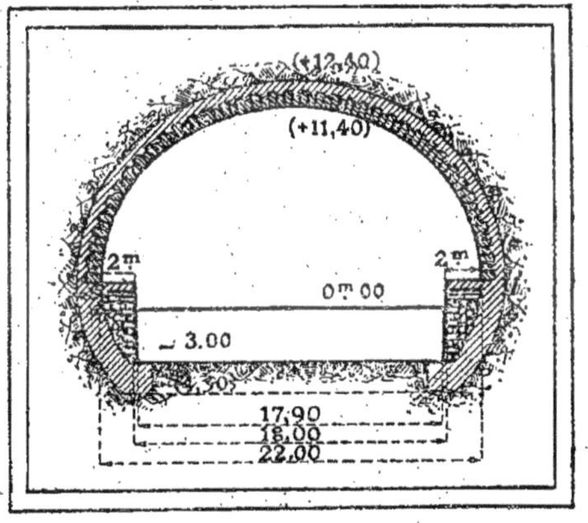

Fig. 99. — *Profil-type du souterrain de Rove avec revêtement de 1 mètre.*

Dans les passages où les roches présentent une sécurité moins grande, la maçonnerie de la voûte a reçu une épaisseur d'un mètre, et les piédroits (qui sont courbes) descendent jusqu'au radier, de sorte que le souterrain est entièrement maçonné sur toute sa surface.

La méthode adoptée pour construire les piédroits s'est inspirée de l'insuffisante résistance des roches. On a commencé par creuser, d'un côté du souterrain, des puits de 3 mètres de longueur et de 7 mètres de profondeur, au droit des joints des *anneaux de voûte*. Je souligne ces mots pour attirer l'attention sur ce fait que la voûte n'est pas maçonnée purement et simplement sur toute son étendue. Dans les passages offrant une sécurité insuffisante, elle est faite d'anneaux successifs de 6 mètres de longueur et indépendants les uns des autres. De sorte que, si un éboulement se produisait plus tard, il se trouverait localisé à un ou deux anneaux. peut-être trois, sans intéresser, par conséquent, une grande longueur de voûte.

Les puits creusés comme nous le disons, au droit de ces anneaux, ont permis de construire des fractions de piédroits de 3 mètres de longueur, soutenant par conséquent 1 m. 50 de voûte de chaque côté du joint. Ces puits ont été ensuite rejoints par une cuvette qui a permis de terminer la maçonnerie des piédroits entre les amorces déjà construites. L'une de nos photographies montre le souterrain au moment où la cuvette, ouverte sur une certaine longueur, laisse apercevoir la maçonnerie des piédroits alternant avec le rocher encore en place.

Le même procédé a été employé pour la construction des piédroits de l'autre côté du souterrain. Il n'est plus resté alors que le stross central de la cuvette, qui a été enlevé sans difficulté. Le radier, également en maçonnerie dans les terrains peu résistants, a 1 m. 20 d'épaisseur ; il ferme le tube enveloppant le souterrain.

CHAPITRE VII

LES MÉTROPOLITAINS

Généralités. || Le Métropolitain de Paris. || Construction d'une ligne. || Place Saint-Michel. || Châtelet. || Les caissons métalliques. || Souterrains tubulaires. || Le bouclier. || Station des Abbesses. || Le monolithe de la place de l'Opéra. || Autres ouvrages. || Les tunnels de New York. || Le métropolitain à marchandises de Chicago.

GÉNÉRALITÉS. L'étude que nous allons consacrer aux chemins de fer métropolitains n'est qu'une suite au chapitre précédent sur les tunnels. C'est que, dans toutes les grandes villes de plus en plus encombrées par les véhicules de toutes sortes, de plus en plus congestionnées par une population sans cesse croissante, on a senti la nécessité d'ouvrir des voies de communication autant que possible souterraines pour être indépendantes de toute circulation de surface.

Ces souterrains sont encore des tunnels ; mais ils se distinguent de ceux que nous connaissons par une irrégularité de direction parfois très prononcée. D'autrepart les grandes cités étant toujours construites sur les rives de cours d'eau aux vallées plus ou moins élargies, les sous-sols à atteindre ne présentent pour ainsi dire jamais une résistance comparable à celle des roches que traversent les tunnels alpins. Ce sont des terrains marécageux, des sables fortement imprégnés d'eau, des roches délavées, qui interdisent formellement les procédés ordinaires. De plus, la nécessité de construire d'importantes gares souterraines et de réaliser les croisements de lignes à des niveaux différents, de traverser les rivières et les fleuves à une certaine profondeur sous leur lit, obligent les ingénieurs à exécuter des ouvrages spéciaux, de véritables monuments souterrains dont le

Métropolitain de Paris nous apporte de nombreux exemples.

C'est ici en effet, à Paris même, que nous allons rencontrer la plus formidable construction souterraine qui existe dans le monde entier, sur une aussi faible étendue, tant au point de vue du développement du réseau que de la variété des travaux qu'il comporte et des difficultés rencontrées.

LE MÉTROPOLITAIN DE PARIS. ⌀⌀ Le plan du réseau que nous reproduisons comprend les lignes en exploitation, les lignes en construction et les lignes à construire éventuellement ou celles dont le rachat a été proposé.

Douze d'entre elles sont en exploitation. Ce sont :

La ligne nº 1	de 10 576 m. de long.,	qui a coûté	40 millions
La — nº 2 Nord,	de 12 413 m. —	—	38 —
La — nº 2 Sud,	de 10 797 m. —	—	39 —
La — nº 3	de 7 906 m. —	—	33 —
La — nº 4	de 11 403 m. —	—	87 —
La — nº 5	de 4 694 m. —	—	15 —
La — nº 6	de 5 160 m. —	—	15 —
La — nº 3 *ter*	de 1 963 m. —	—	8 —
La — nº 7	de 8 120 m. —	—	31 —
La — nº 7 *bis*	de 2 995 m. —	—	12 —
La — nº 8	de 8 580 m. —	—	69 —
La — nº 3 *bis*	de 2 519 m. —	—	15 —

Soit, au total 87 126 mètres de lignes ayant coûté 402 millions de francs.

Les lignes concédées sont les suivantes :

Trocadéro-Porte de Saint-Cloud	7 810 mètres.
Prolongement ligne nº 7 jusqu'au Bd. Morland..	3 200 —
Trocadéro-Opéra-Carrefour Richelieu-Drouot ..	4 430 —
Ceinture intérieure Invalides-Invalides........	11 450 —
Bastille-Porte de Picpus	4 950 —
Porte d'Italie-Boulevard Saint-Germain........	5 390 —
Porte de Montreuil-Place de la République......	5 360 —
Place de la République-Porte des Lilas........	4 000 —
Voie ferrée Porte d'Orléans-Porte de Gentilly.	1 600 —

Leur longueur totale est de 48 190 mètres.

(Cl. Union photographique Française.)

PLACE DE L'OPÉRA PENDANT LES TRAVAUX DU MÉTROPOLITAIN

(Cl. E. Gossin.)

LES CAISSONS DU MÉTROPOLITAIN A LA PLACE SAINT-MICHEL

LE GRAND CAISSON DU MÉTROPOLITAIN DE LA PLACE SAINT-MICHEL
(*vue intérieure*).

L'ENTRÉE DES DEUX TUNNELS CIRCULAIRES POUR LA TRAVERSÉE
DE LA SEINE PAR LE CHEMIN DE FER DU NORD-SUD.

Un certain nombre de ces dernières lignes sont ou en construction ou même partiellement en exploitation. Lorsqu'elles seront terminées, le réseau aura une longueur totale de 135 316 mètres. Actuellement il y a 112 647 mètres de lignes exploitées, construites ou en construction, comportant un développement de 105 292 mètres de souterrains et 7 354 mètres de viaducs métalliques.

On a extrait de ces souterrains 7 550 000 mètres cubes de terrassements correspondant à un cube ayant l'Esplanade des Invalides comme base et 50 mètres de hauteur. Le total des maçonneries s'élève à 2 810 000 mètres cubes et le poids des fers utilisés à 38 160 tonnes.

Quant au chemin de fer Nord-Sud, il se développe sur deux lignes dont la plus étendue, de la Porte de Versailles à la place Jules-Joffrin, a 10 800 mètres de longueur ; la seconde, de la gare Saint-Lazare à la Porte de Saint-Ouen, a 2 650 mètres. De cette dernière se détache un embranchement qui relie la Fourche à la Porte de Clichy. La ligne principale a été également prolongée jusqu'à la Porte de la Chapelle ; elle comporte encore une section concédée, mais non construite, entre la gare Montparnasse et la Porte de Vanves.

Nous allons maintenant étudier quelques-uns des principaux ouvrages de ce réseau, après avoir expliqué comment est construit un souterrain courant, dans un sol rocheux.

CONSTRUCTION D'UNE LIGNE. ⌀⌀ Avant d'entreprendre la construction d'une ligne, on commence par effectuer la déviation des égouts qu'elle doit rencontrer, avec leurs canalisations, et on ne livre la chaussée aux entrepreneurs qu'après la fin de ce travail préliminaire. La ligne est divisée en lots, d'un kilomètre environ d'étendue, et chacun d'eux mis en adjudication, après quoi les entrepreneurs sont autorisés à commencer les travaux sur tous les points à la fois. De distance en distance, des puits sont creusés jusqu'au niveau inférieur du futur souterrain pour servir à la descente des ouvriers, à l'enlèvement des déblais et à l'acheminement des matériaux de construction.

Les terrassiers attaquent alors les galeries des deux côtés du puits à la fois, dans deux directions opposées par conséquent. Le sous-sol parisien n'ayant pas une résistance comparable aux roches dans lesquelles sont creusés la plupart des tunnels en montagne, on doit prendre de plus grandes précautions pour éviter les éboulements. Le procédé normal admis ici consiste dans l'établissement d'une galerie axiale, à la partie supérieure du futur souterrain, de 1 m. 80 de hauteur environ et de 2 mètres de largeur au maximum, le ciel de cette galerie épousant d'ores et déjà la forme de la

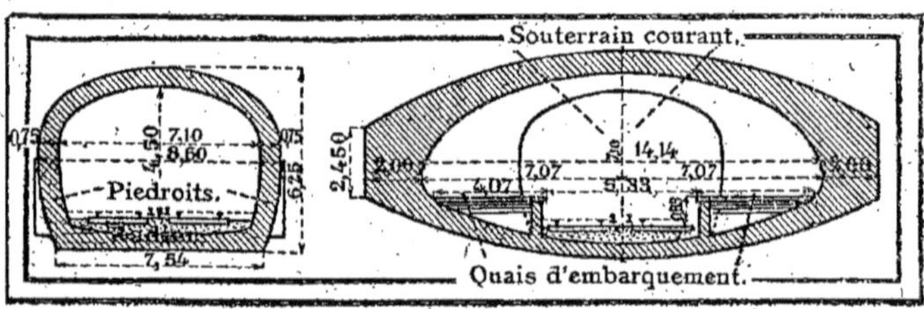

Fig. 100-101. — *Type de souterrain courant (à gauche) et type de station courante (à droite).*

voûte future, dont elle constitue une partie d'extrados, celle de la clé. On boise cette première galerie, de chaque côté et au-dessus, avec des étais qui retiennent des planches très épaisses (palplanches).

Lorsque la galerie atteint une certaine longueur, une autre équipe d'ouvriers attaque le terrain à droite et à gauche, en respectant, à la partie supérieure (extrados), la courbe de la future voûte, qui, dans le Métropolitain de Paris, est presque toujours elliptique (fig. 100). Presque aussitôt les maçons interviennent et construisent la voûte tout entière sur des cintres. Celle-ci repose donc des deux côtés sur des terrains suffisamment résistants pour maintenir toute la charge de la maçonnerie sans aucun autre appui quand le décintrage a été opéré.

A un moment donné, toute la voûte est terminée sur une

longueur d'une centaine de mètres parfois, sans que l'on se soit préoccupé de maçonner les piédroits (murs de support). La maison a donc été construite à l'envers, en commençant par la toiture, comme dans les grands tunnels. Aucune difficulté ne se présente cependant pour continuer la construction, qui s'effectue alors en *sous-œuvre*, suivant le terme consacré, en commençant par les piédroits.

Revenant à l'origine du souterrain, les équipes de mineurs attaquent le stross (terrain à enlever) en creusant deux galeries longitudinales aussi étroites que la galerie axiale, laissant en place les roches soutenant la voûte et une énorme masse de stross entre les deux galeries. Puis les maçons interviennent à leur tour de la manière suivante.

Sur une profondeur de 2 mètres, ils déblaient l'emplacement du piédroit de gauche, par exemple, soutiennent la voûte par des étais et maçonnent le piédroit. L'équipe de droite effectue la même opération, mais en construisant 2 mètres de piédroits à 2 mètres en avant de l'origine ; les maçonneries alternent donc, à droite et à gauche de la voûte, avec les roches laissées en place sur une même profondeur. Le premier anneau de voûte de 2 mètres porte donc à gauche sur une maçonnerie et à droite sur des roches ; le deuxième repose à gauche sur la roche et à droite sur la maçonnerie, et ainsi de suite. Puis on répète l'opération pour terminer la construction des piédroits.

Il ne reste plus qu'à enlever ce qui reste de stross et à creuser le sol, toujours par anneaux de 2 mètres, pour construire le radier qui porte les piédroits et sur lequel on établira les voies de chemin de fer.

A côté de ces travaux qui se sont répétés et se répètent encore sur toutes les lignes, les ingénieurs ont dû recourir parfois à des méthodes et procédés totalement inédits, inspirés par les conditions exceptionnelles du travail à exécuter. Nous nous étendrons plus particulièrement sur les deux traversées de la Seine, entre la place Saint-Michel et le Châtelet, et en aval du pont de la Concorde, sur l'ouvrage exécuté sous la place de l'Opéra et sur la station de la place des Abbesses, qui appartient au chemin de fer Nord-Sud.

PLACE SAINT-MICHEL-CHATELET. Les travaux ont été exécutés en pleine nappe aquifère, à une profondeur de 13 m. 50 environ au-dessous du niveau moyen des eaux de la Seine. La présence de la ligne n° 1, à la place du Châtelet, et celle de la ligne du chemin de fer d'Orléans, à

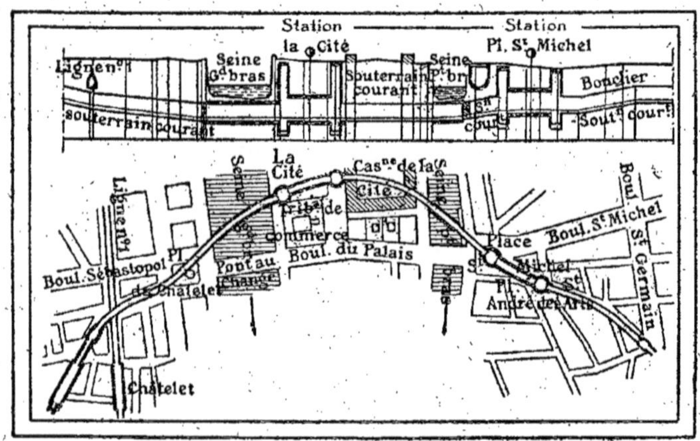

Fig. 102. — *Plan et profil en long de la traversée de la Seine par la ligne N° 4.*

la place Saint-Michel, ont encore compliqué une situation déjà très délicate, puisqu'il fallait en même temps passer sous les deux bras de la Seine et sous la caserne de la Cité (fig. 102).

Le travail spécial que nous envisageons s'étend sur une longueur de près de 1 100 mètres. Les ingénieurs du Métropolitain et l'entrepreneur décidèrent que l'ouvrage serait exécuté d'après les principes admis dans la construction des culées de ponts, c'est-à-dire à l'aide de caissons métalliques descendus verticalement jusqu'à leur emplacement définitif pour constituer l'ossature métallique intérieure du souterrain et des stations comprises dans le lot. Chaque caisson est donc un fragment de tunnel construit en chantier à ciel ouvert (fig. 103).

L'ensemble a nécessité la construction et le fonçage de

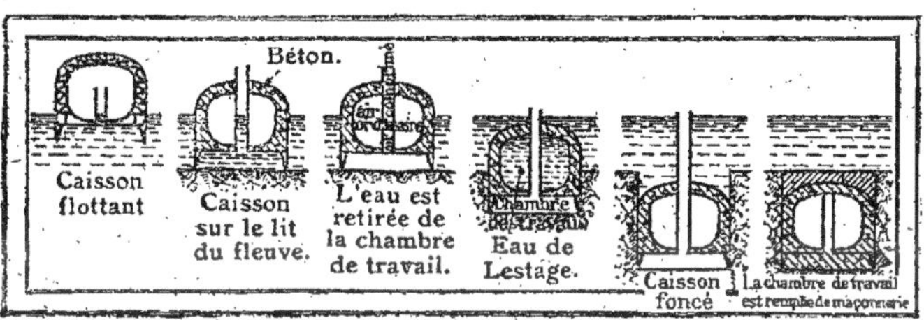

Fig. 103. — *Schémas montran les phases successives du fonçage d'un caisson.*

deux caissons pour le petit bras de la Seine, entre la Cité et la place Saint-Michel ; trois pour le grand bras entre la Cité et le Châtelet ; un caisson horizontal et deux caissons verticaux pour la station de la place Saint-Michel et autant pour celle de la Cité. C'est donc un total de onze caissons qui ont été enfouis sur une longueur de 399 m. 20. Le bouclier à air comprimé a été utilisé pour la construction de 350 m. 79 de souterrain, et un procédé par congélation est intervenu entre le petit bras de la Seine et la place Saint-Michel pour la traversée du chemin de fer d'Orléans.

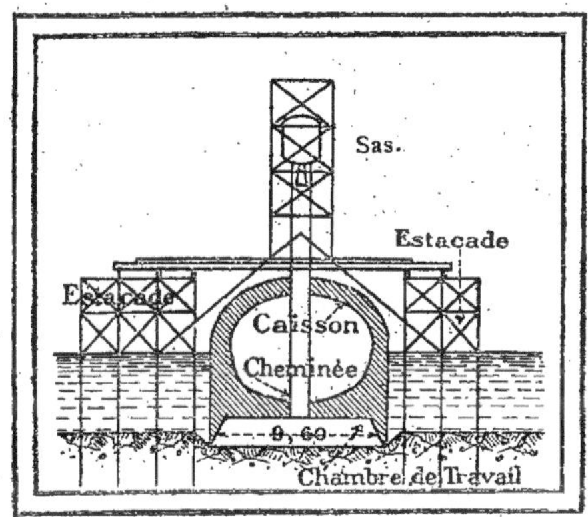

Fig. 104. — *Dispositions schématiques des estacades entre lesquelles a été immergé et foncé un caisson.*

LES CAISSONS MÉTALLIQUES. ⌀ ⌀ Un caisson est une construction métallique ayant intérieurement la forme et les dimensions du futur souterrain. Il est constitué par un assemblage de fermes recouvertes d'épaisses tôles intérieurement et extérieurement. L'espace compris entre ces tôles est ensuite rempli de béton de ciment. La base du caisson comporte une *chambre de travail*, qui sert de chantier aux terrassiers pour creuser le sol ; cette chambre communique avec l'extérieur par quatre cheminées par lesquelles pénètrent les ouvriers et qui servent en même temps à l'évacuation des déblais et à l'entrée des matériaux de construction. Comme les travaux s'effectuent au sein d'une nappe aquifère, on introduit en permanence de l'air sous pression dans la chambre de travail afin d'empêcher l'eau d'envahir le chantier. Un *sas*, surmontant chaque cheminée, sert à l'*éclusage* des ouvriers, qui, venant du dehors sont soumis à une pression d'air progressive jusqu'à ce que l'atmosphère du sas s'équilibre avec celle du chantier. On ouvre alors la porte de l'écluse communiquant avec le chantier et les ouvriers descendent. La sortie nécessite l'opération inverse, les ou-

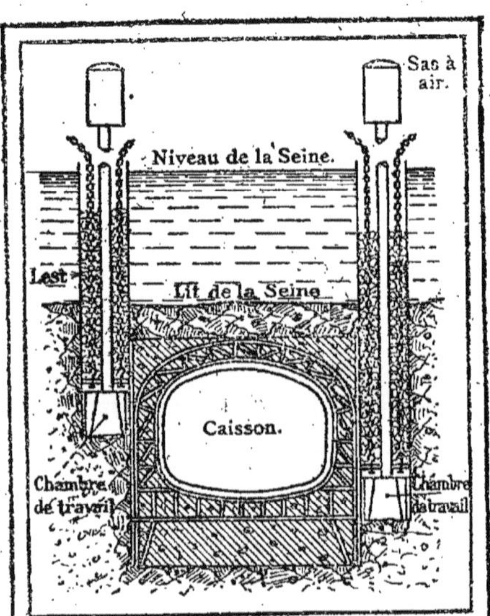

Fig. 105. — *Procédé adopté pour la liaison des caissons en Seine. Deux caissons latéraux sont descendus au droit de l'espace vide pour construire les piliers latéraux.*

vriers étant ainsi soumis à une dépression progressive jusqu'à ce que l'atmosphère du sas soit redevenue égale à la pression atmosphérique (fig. 104).

Le caisson, ayant été remorqué jusqu'à l'emplacement qu'il doit occuper, fermé à ses deux extrémités pour empêcher l'eau d'y pénétrer, est descendu, entraîné par le poids du béton coulé entre les tôles. On commence par pomper l'eau contenue dans la chambre de travail, puis on remplit d'eau de lestage l'intérieur du caisson afin qu'il reste bien en place. Les terrassiers creusent alors le sol sous le caisson jusqu'à ce que celui-ci, qui descend peu à peu, entraîné par son propre poids, (4 300 tonnes pour un caisson de rivière, dont 300 tonnes de métal, 2 000 tonnes de béton et 2 000 tonnes d'eau de lestage) ait atteint l'emplacement définitif qu'il doit occuper. On remplit alors de béton la chambre de travail et on ajoute des matériaux de terrassement sur le caisson jusqu'au niveau du lit du fleuve. Les dessins schématiques que nous reproduisons montrent la succession normale des opérations de fonçage (voir fig. 103).

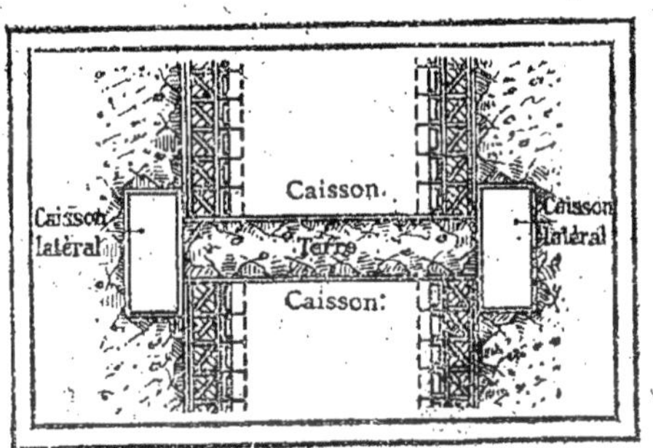

Fig. 106. — *Vue en plan des caissons constituant le souterrain en Seine et des caissons latéraux servant à construire les piliers de raccordement.*

Quand deux caissons sont en place, l'un au bout de l'autre, on procède à leur jonction (fig. 105 et 106). Un espace de 1 m. 50 environ est laissé entre eux parce qu'il serait matériellement impossible de les foncer exactement bout à bout. Pour effectuer la soudure on descend, de chaque côté, de manière à encadrer l'espace vide, un autre caisson plus petit qui comporte, comme les précédents, une chambre de travail permettant l'enlèvement des déblais. Mais on ne le laisse pas en place ; on le soulève au fur et à mesure de l'élévation de la maçonnerie (fig. 107), que l'on arrête à la hauteur des grands caissons. Sur les deux murs latéraux ainsi construits, on descend un troisième caisson, qui permet d'abord l'enlèvement des déblais entre les deux grands caissons, l'exécution de la maçonnerie de liaison de leurs radiers et enfin la construction de la portion de voûte entre les deux voûtes en présence.

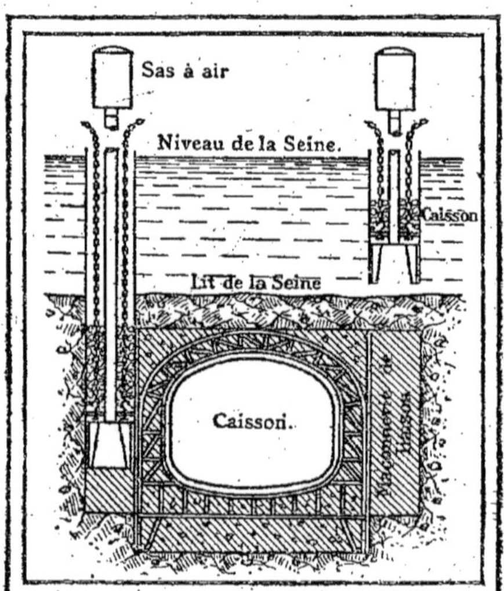

Fig. 107. — *Remontée du caisson mobile au fur et à mesure de la construction des piliers. Le pilier de droite est terminé.*

Entre le dernier caisson de rive et la station du chemin de fer d'Orléans, on a dû faire intervenir la congélation pour relier les deux sections du souterrain. Cette soudure a été exécutée sur une longueur de 14 m. 50, dont 8 m. 70 en pleine Seine. La partie fluviale fut d'abord isolée à l'aide d'un batardeau, puis on y jeta des terres de remblai. La congélation intéressait ainsi un volume total de 2 145 mètres cubes, dont 750 mètres cubes d'eau (fig. 108).

Soixante trous de sondage furent forés à 1 m. 20 l'un de l'autre et à 17 mètres de profondeur, descendant ainsi à 1 mètre au-dessous du radier du souterrain à exécuter.

Dans chaque trou de sonde, on descendait un tube extérieur fermé à sa base et un tube intérieur ouvert de manière à établir une circulation permanente du liquide congelant. On obtint ainsi, par ce procédé original, un terrain d'une grande résistance, qui permit de creuser le tunnel sans aucune difficulté.

Ajoutons que les caissons n'étaient pas tous de mêmes dimensions : ceux des stations *Saint-Michel* et *Cité* ont 68 mètres de longueur, 16 m. 50 de largeur totale et 12 m. 50 de hauteur. Ce sont les plus importants. Chacun d'eux est prolongé, à chaque extrémité, par un caisson de section elliptique de 26 mètres de grand axe et 18 m. 50 de petit axe, ce dernier étant dirigé dans l'axe du souterrain. Ces caissons elliptiques ont servi à l'établissement des accès : escaliers et ascenseurs.

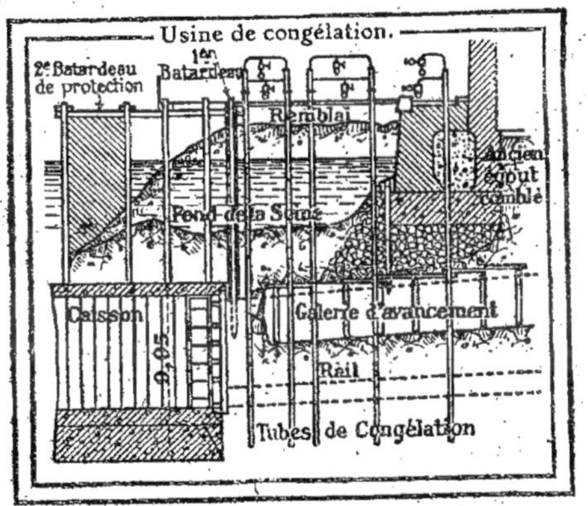

Fig. 108. — *Coupe du souterrain pendant les travaux de congélation destinés à faciliter la liaison entre le dernier caisson elliptique de la place Saint-Michel et le premier caisson foncé en Seine.*

SOUTERRAINS TUBULAIRES. ⌀ ⌀ Le souterrain tubulaire est le type normal de tunnel traversant les terrains aquifères, celui que l'on retrouve dans les métropolitains étrangers, dont certaines lignes sont entièrement tubulaires. Deux traversées de la Seine ont été effectuées ainsi, à l'amont de la place de la Concorde par les deux tunnels à voie unique du chemin de fer Nord-Sud et à l'aval par celui de la ligne nº 8, Auteuil-Opéra, celui-ci étant à deux voies.

Ce dernier tunnel mesure 7 m. 236 de diamètre intérieur ; il est garni d'un cuvelage constitué par des voussoirs en fonte assemblés à raison de 13 par anneau de 0 m. 75 de largeur. Ce sont des plaques de fonte épousant la forme du souterrain et assemblées par leurs brides à l'aide de boulons (fig. 109).

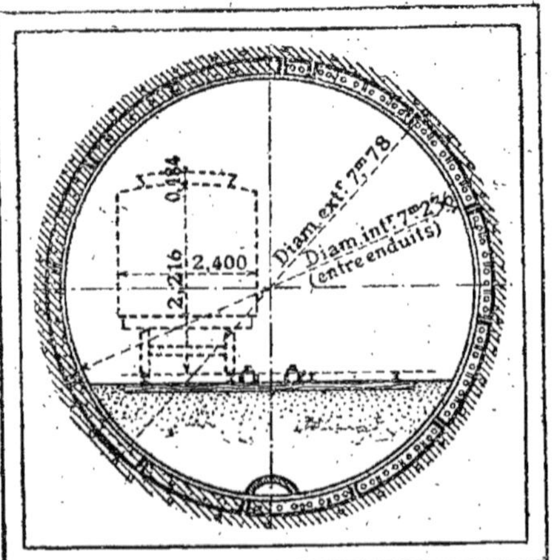

Fig. 109. — *Souterrain du métropolitain de Paris, dans la traversée de la Seine, en aval du pont de la Concorde.*

Le sous-sol, en cet endroit, étant constitué par des sables imbibés d'eau, les travaux de terrassement furent exécutés sous la protection d'un *bouclier*.

LE BOUCLIER. ⌀ ⌀ Le bouclier est dû à l'ingénieur Brunel, qui fit breveter son invention en 1818 et construisit, avec cet appareil, le premier tunnel sous la Tamise ; il est devenu aussi indispensable que l'air comprimé lui-même dans l'exécution des ouvrages souterrains de traversée des fleuves. Pour cette raison, nous allons entrer dans quelques explications détaillées (fig. 110).

En principe, le bouclier est un cylindre métallique dont le diamètre extérieur est égal à celui du souterrain à creuser. Il se termine à l'avant par un avant-bec tranchant qui pénètre dans le sol et à l'arrière par des vérins qui le poussent.

Dans la pratique, le cylindre est divisé en trois parties par deux cloisons horizontales, chacune de ces cloisons se terminant par un avant-bec à l'abri duquel s'exécutent les terrassements. Le cylindre du bouclier employé sous la Seine, en aval du pont de la Concorde, avait 7 m. 98 de diamètre intérieur et 4 m. 33 de longueur ; sa carapace, faite de trois tôles d'acier, avait 57 millimètres d'épaisseur. L'avant-bec tranchant prolongeait le cylindre sur la moitié inférieure, et la moitié supérieure s'avançait en forme de visière. Les deux cloisons horizontales étaient encore coupées verticalement par trois cloisons ; les unes et les autres assurent la rigidité absolue de l'ensemble. De plus, elles délimitent huit ouvertures qui peuvent être fermées par des portes. A l'arrière, une fermeture semblable peut être prévue.

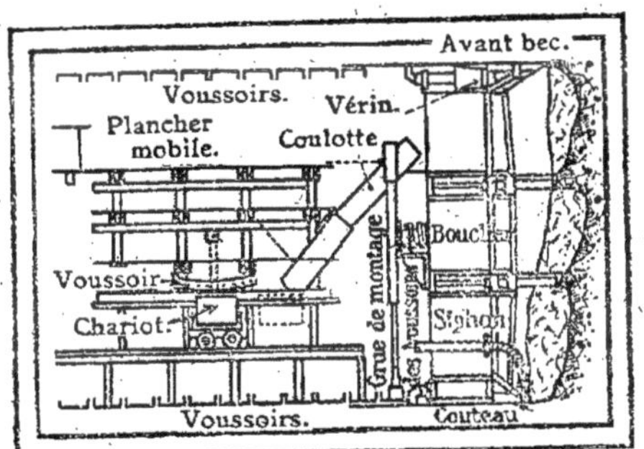

Fig. 110. — *Coupe du bouclier, et chantier en arrière.*

L'avant-bec est donc partagé en trois étages par les deux cloisons ou plates-formes horizontales ; on constitue ainsi trois chantiers dans lesquels les ouvriers attaquent les terrassements sur toute la hauteur du souterrain à la fois en travaillant à bonne hauteur.

A la queue du bouclier, un anneau protège le souterrain contre la chute des terres pendant la mise en place des voussoirs qui s'effectue à l'aide d'une machine spéciale montée à l'arrière. Vingt-sept vérins hydrauliques entourent le bouclier à l'arrière ; ils sont chargés de le pousser au fur et à mesure de l'avancement des travaux en s'appuyant sur le cuvelage en fonte du souterrain.

La grue de montage des voussoirs comporte un bras capable de pivoter autour d'un axe horizontal ; une extrémité, appelée *grip*, forme la tête d'une presse hydraulique ; l'autre porte un contrepoids. On amène le voussoir sur un wagonnet jusqu'à la queue du bouclier, on le fixe sur le grip au moyen de broches et on fait tourner le bras jusqu'à ce que le voussoir soit en face de l'emplacement qu'il doit occuper. Il ne reste plus qu'à allonger le grip par l'introduction d'eau pour mettre le voussoir en place. On le fixe enfin avec des boulons aux voussoirs précédents.

STATION DES ABBESSES. ⌀⌀ Des fonds marécageux qui bordent la Seine, remontons vers Montmartre.

La station des Abbesses appartient à la ligne du chemin de fer Nord-Sud qui traverse la butte Montmartre de part en part en s'élevant peu à peu jusqu'à la station Lamarck. A la station Notre-Dame-de-Lorette, les rails sont à 7 m. 90 au-dessous du sol ; à la station Pigalle, ils sont à 12 m. 40 et à 30 mètres à la place des Abbesses. A la hauteur du point le plus élevé de Montmartre, les rails sont à une soixantaine de mètres au-dessous du sol.

Nous ne pouvons insister sur les difficultés rencontrées par les ingénieurs au cours des travaux d'exécution de cette voie, qui passe tantôt sous les fondations de vieilles maisons lézardées, tantôt sous des carrières, à travers des sols de consistance très aléatoire. Qu'il nous suffise de rappeler que, sous le passage de l'Élysée-des-Beaux-Arts, il a fallu construire des sortes de culées de 3 m. 20 d'épaisseur pour soutenir la voûte en plein cintre, qui a elle-même 1 m. 25 d'épaisseur à la clé.

A la station « Abbesses », l'extrados de l'ouvrage (partie supérieure de la voûte) est à 1 ou 2 mètres seulement au-dessous d'anciennes carrières formant une sorte de cuvette où s'accumulent les eaux de pluie. Pour éviter des catastrophes, il a fallu également construire d'énormes piédroits de 3 m. 20 d'épaisseur et bâtir la voûte sur ces maçonneries par *galeries de remontée*, les terrassiers abattant le sol au-dessus de leurs têtes pendant que les maçons construisaient la voûte derrière eux, en *remontant* à partir des piédroits. La plus faible épaisseur de cette voûte est de 0 m. 75 à la clé.

Les accès de la station « Abbesses », ainsi que ceux de la station « Lamarck », ont été établis d'une manière particulièrement originale. Chacune d'elles est surmontée, en effet, de deux énormes puits maçonnés, de 7 mètres de diamètre. L'un de ces puits, réservé aux ascenseurs, a été foré à côté du souterrain ; l'autre repose directement sur la voûte de la station ; il a reçu un escalier qui peut être utilisé par les voyageurs en cas d'arrêt des ascenseurs. Les puits des ascenseurs descendent jusqu'aux quais des stations ; celui des « Abbesses » a 30 mètres de profondeur.

LE MONOLITHE DE LA PLACE DE L'OPÉRA. ⌀ ⌀ De même qu'à Montmartre et sur les bords de la Seine, les constructeurs du Métropolitain ont eu à lutter, sous la place de l'Opéra, contre la nappe souterraine qui avait déjà causé bien des ennuis aux architectes du monument.

Là se croisent trois lignes, celle de la Porte Champerret à la place Gambetta, celle du Palais-Royal à la place du Danube et celle d'Auteuil à l'Opéra. La nappe souterraine ayant une profondeur de 10 mètres, il fallait la traverser dans toute sa hauteur afin de trouver un sol suffisamment résistant pour supporter le poids des constructions futures. On décida de construire en même temps les souterrains des trois voies et leurs stations à l'intérieur d'un énorme bloc de maçonnerie qui constituerait une sorte de monolithe aux dimensions considérables.

Les travaux commencèrent en 1903 par la construction d'un énorme caisson métallique que l'on fonça d'après les procédés habituels et à l'abri duquel les terrassements et les maçonneries purent être exécutés. La base du monolithe est occupée par la station terminus de la ligne n° 8, que franchit sur un pont métallique la ligne n° 7, laquelle est franchie à son tour dans les mêmes conditions par la ligne n° 3 (Porte Champerret-Place Gambetta). Un dernier tablier également métallique porte la chaussée. Enfin, le bloc, ainsi ajouré de haut en bas, est encore perforé dans tous les sens par les escaliers qui relient entre eux les quais de toutes ces stations et fournissent des accès pour l'entrée et la sortie des voyageurs depuis l'une ou l'autre des deux stations installées sous la place.

AUTRES OUVRAGES. ⌀⌀ La ligne n° 8 abordant la rive droite de la Seine à Auteuil, se sépare, à l'intérieur même de la station Mirabeau, en deux souterrains à voie unique formant une vaste boucle. Les trains venant de l'Opéra ne s'arrêtent pas à cette station, qui n'a pas de quai pour eux ; ils poursuivent leur route en suivant une forte rampe pour atteindre la place de l'église d'Auteuil et reviennent par le souterrain de gauche, après avoir parcouru toute la boucle, s'arrêter à la station Mirabeau avant de pénétrer sous la Seine.

L'origine et la fin de la boucle ont donc été établies à des niveaux différents ; le souterrain de droite se relève si rapidement que son radier est à la hauteur de la voûte de celui de gauche, à la sortie même de la station.

La ligne Italie-Gare du Nord est non moins pittoresque aux abords de la traversée de la Seine en amont du pont d'Austerlitz. Elle traverse d'abord la gare d'Orléans sur un pont métallique dont les accès s'ouvrent, béants, dans le hall même de la gare ; elle s'engage ensuite au-dessus de la Seine sur un fort beau pont à arc surélevé. A ce pont fait suite une travée courbe à forte pente, de faible rayon, qui permet à la ligne de passer sous la place Mazas pour franchir enfin, sur un pont à découvert, le chenal qui relie la Seine à la gare d'eau de l'Arsenal.

Cette travée courbe a été une très heureuse innovation. Les viaducs métalliques du Métropolitain étaient tous, jusque-là, à travée droite ; dans les courbes, on élargissait le tablier du viaduc d'une quantité suffisante pour lui permettre d'inscrire les deux voies entre les fermes de rive. C'est là une solution peu élégante que rétablit le système de travée courbe, les fermes épousant, elles aussi, la courbure de la voie.

Si l'on ne veut considérer que certains points du réseau, on trouve, à l'Étoile, à la gare de l'Est, à la gare du Nord, aux Invalides, par exemple, une accumulation vraiment impressionnante de souterrains, de maçonneries, de couloirs, d'accès, d'escaliers ; ce sont de véritables villes souterraines que ces lieux d'échanges, d'entrée et de sortie des voyageurs, des labyrinthes où se perdent aisément les nouveaux venus, des taupinières humaines (fig. 111).

Le Métropolitain de Paris a été exécuté sous la haute direction de M. Bienvenüe, inspecteur général des ponts et chaussées, assisté de M. Biette, son adjoint, et de MM. Suquet, Le Conte, Locherer, Briottet, Thomas, Pollet, Leib, Ott,

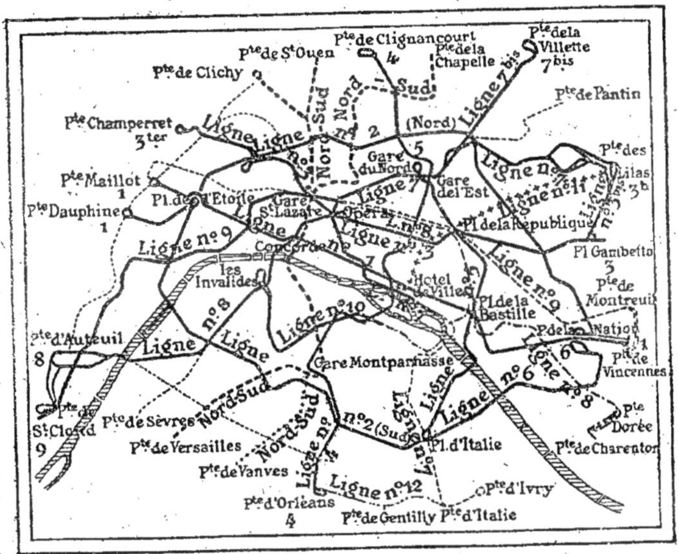

Fig. 111. — *Plan général du réseau du Chemin de fer Métropolitain de Paris.*

Dejust, ingénieurs en chef, Hervieu et Hayes, chefs de division.

LES TUNNELS DE NEW YORK. New York, la ville des tunnels, couvre une superficie de 820 kilomètres carrés (Paris : 78 kilomètres carrés) en y comprenant les localités voisines : Brooklyn, Long-Island, Jersey-City, etc. Chaque soir, la cité proprement dite, la presqu'île de Manhattan, est pour ainsi dire complètement abandonnée par les employés et ouvriers de toutes catégories, qui rejoignent leur *home*. Ces déplacements journaliers de la population ont rendu nécessaire la profusion des moyens de transport à grande capacité, comme les chemins de fer métropolitains aériens, les ferry-boats, les chemins de fer souterrains, les tramways électriques.

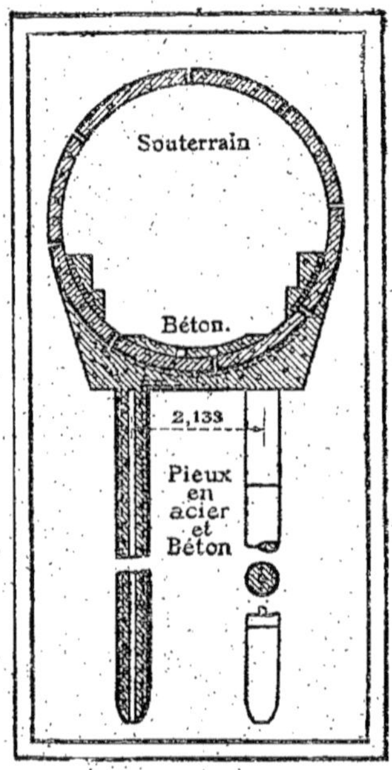

Souterrain
Béton.
2,133
Pieux en acier et Béton

Fig. 112. — *Tunnel sous-marin du New York and Brooklyn Rapid Transit Railway (fondation sur pieux en acier et béton).*

De tous les moyens de communication qui relient la cité à sa banlieue, nous ne retiendrons ici que les tunnels, pour nous arrêter seulement à ceux qui ont le plus particulièrement attiré l'attention. Tous, d'ailleurs, sont creusés presque uniquement sous les deux branches principales de l'Hudson : l'Hudson River et l'East River, qui délimitent la presqu'île de Manhattan.

Il en existe une vingtaine, dont trois sont réservés au passage des conduites de gaz ; parmi les dix-sept autres, six appartiennent à des compagnies de chemin de fer. Ceux-ci sont tous groupés par paires et à voie unique, comme celui du Nord-Sud, à Paris, en amont du pont de la Concorde.

Ceux qui traversent l'Hudson entre la presqu'île de Manhattan et Jersey-City sont les plus longs, le fleuve ayant 1 600 mètres de largeur dans ces parages. Sa profondeur moyenne est de 12 à 15 mètres, et le fond est constitué par une boue consistante contenant 30 p. 100 d'eau. A la profondeur de 15 à 18 mètres, sous le lit du fleuve, on rencontre, sur une certaine longueur, des roches résistantes, mais il

TRANSPORT PAR EAU D'UN CAISSON DU MÉTROPOLITAIN DESTINÉ A LA TRAVERSÉE DE LA SEINE

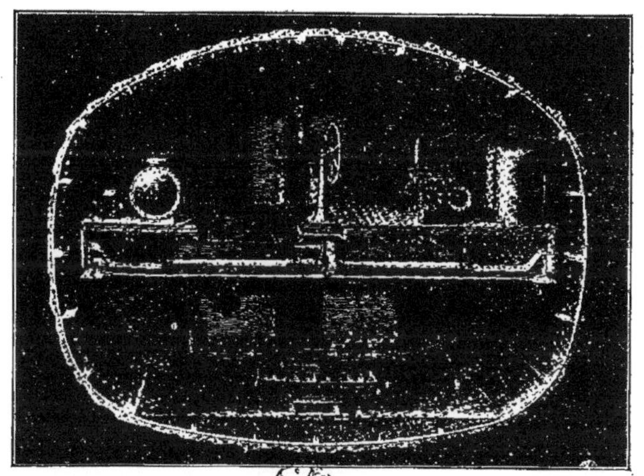

MACHINE A POSER LES VOUSSOIRS DANS LES SOUTERRAINS DU MÉTROPOLITAIN.

(Cl. Neurdein.)

PARIS : PONT DU MÉTROPOLITAIN A PASSY

MÉTROPOLITAIN AÉRIEN DE NEW-YORK

faut parfois atteindre 75 et même 90 mètres pour les trouver. De sorte que les tunnels doivent être creusés, sur presque toute leur longueur, à travers la boue.

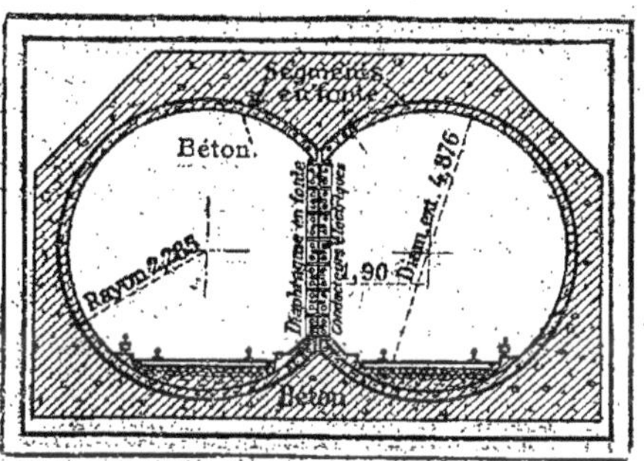

Fig. 113. — *Section du tunnel double sous la Harlem River.*

Les ingénieurs américains n'ont pas toujours été très heureux dans leurs entreprises de construction de tunnels. Ainsi celui de la compagnie de chemin de fer du New York central and Hudson River, commencé en 1874, ne fut terminé qu'en 1908 après plusieurs essais infructueux.

Au cours de la construction du tunnel du New York and Brooklyn Rapid Transit Railroad, sous l'East River, des difficultés inattendues retardèrent également les travaux. L'ouvrage s'ouvrant un passage à travers des sables humides, on remarqua que le revêtement tubulaire s'infléchissait derrière le bouclier. Pour rendre la sécurité absolue au souterrain, il fallut consolider la base en fonçant des piles en béton dans le sol mis à découvert, dans ce but, par l'enlèvement des plaques du revêtement inférieur du tunnel. Sur une longueur de 360 mètres et tous les 15 mètres environ dans le sens de la longueur, on fonça jusqu'au terrain

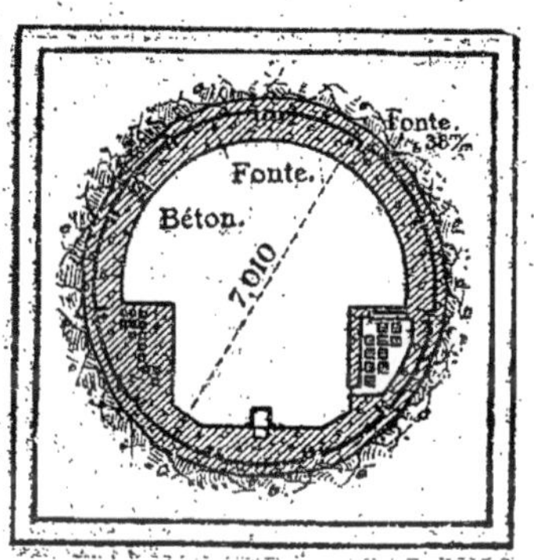

Fig. 114. — *Section des tunnels du Pennsylvania Railroad sous l'Hudson.*

solide deux tubes en tôle d'acier ayant 50 centimètres de diamètre. L'intérieur fut rempli de béton de ciment. Puis, au-dessus de ces piles on construisit un berceau, également en béton de ciment, enveloppant la partie inférieure du tube. On se rend compte de la difficulté d'exécuter un tel travail au fond d'un fleuve (fig. 112).

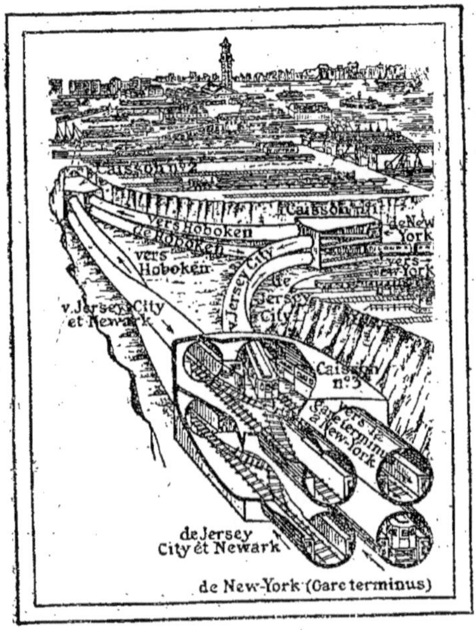

Sous la Harlem River, petit bras de l'Hudson, les deux tubes sont accolés et soudés l'un à l'autre par une partie plane (fig. 113).

Fig. 115. — *Vue perspective du triangle de raccordement des tunnels de New York à Jersey-City et Hoboken.*

Les tunnels du Pennsylvania Railroad (fig. 114), dont le plus long mesure 1 609 mètres entre les puits creusés sur les deux rives pour constituer les chambres à boucliers, reposent également sur des piliers de béton ; mais ils ont été prévus dans les études et non établis pour parer à un accident. Ils sont faits de gros tubes d'acier de 0 m. 685 de diamètre intérieur et descendent jusqu'au rocher. Le tunnel repose directement sur eux comme le tablier d'un pont. On se trouve donc en présence d'une construction nouvelle, qui participe à la fois du pont et du souterrain.

L'ouvrage le plus curieux de tout le réseau des tunnels de

New York est le triangle de raccordement reliant les souterrains ayant traversé l'Hudson à Hoboken et à Jersey-City, construit de telle sorte que les trains venant de la presqu'île par l'un des deux doubles tunnels puissent se diriger sans croisement de voies vers l'une et l'autre destination pendant que d'autres trains effectuent les mêmes parcours en sens inverse.

Ainsi que le montre la figure 115, les angles du triangle sont occupés par un caisson en ciment armé à quatre tunnels disposés en deux étages. Du caisson n° 1, situé le plus près du fleuve, deux souterrains partent dans chaque direction et se groupent, à l'intérieur des caissons n° 2 et n° 3, avec deux autres souterrains reliant encore les caissons entre eux après avoir suivi un parcours hélicoïdal. Un autre raccordement triangulaire semblable existe à la sortie du second groupe de deux tunnels sous l'Hudson situé en amont du premier. L'exécution de ces travaux a été assez pénible, parce qu'ils sont foncés, sur la moitié de leur hauteur, dans des sables aquifères.

Fig. 116. — *Coupe transversale du tunnel sous la rivière Harlem.*

Sous la rivière Harlem passe encore un souterrain à quatre tunnels accolés, d'une longueur totale de 329 m. 20, y compris les deux portions de rive (fig. 116).

La construction de ce quadruple tunnel s'est inspirée du procédé imaginé par M. Chagnaud pour la traversée de la Seine par la ligne n° 4.

La longueur totale du souterrain sous le fleuve comporte cinq caissons métalliques comprenant chacun les quatre éléments tubulaires du souterrain. La construction s'est effectuée sur un chantier fluvial établi à 1 600 mètres en amont, au niveau des basses eaux. Lorsque fut terminée la partie métallique, on obtura les extrémités des quatre tubes, qui furent entourés d'une cloison en bois les transformant en sortes de bacs, que la marée haute souleva et qu'on remorqua ensuite au-dessus de l'emplacement qu'ils devaient occuper. Pour assurer une descente régulière, les quatre tubes avaient été divisés par des cloisons verticales et horizontales en un certain nombre de chambres étanches, dans chacune desquelles on pouvait envoyer une quantité

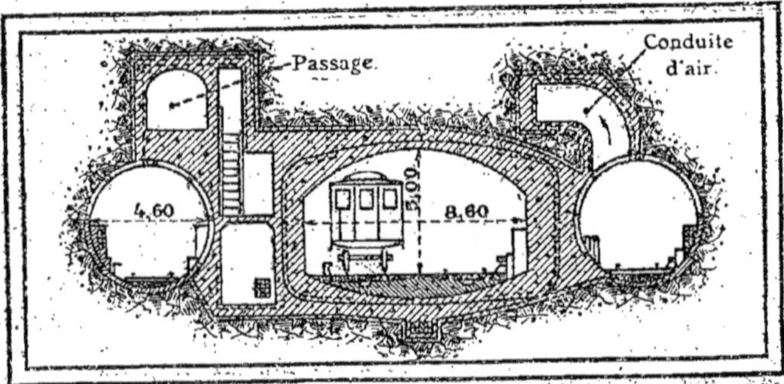

Fig. 117. — *Coupe du souterrain à quatre voies au croisement de la 9e rue et de la 6e avenue à New York.*

d'eau quelconque par l'ouverture de vannes. De plus, le caisson était surmonté de deux longs flotteurs, un à chaque extrémité, également partagés en chambres par des cloisons. La descente put ainsi s'opérer avec une très grande régularité.

Ces caissons reposent, dans la fouille creusée dans le lit de la rivière, sur cinq pièces d'appui posées par des scaphandriers et fixées à des pieux foncés dans le fond de l'excavation. Ils ont été noyés ensuite dans une masse de béton, ainsi que le montre notre dessin, puis bétonnés à l'intérieur.

LE MÉTROPOLITAIN A MARCHANDISES DE CHICAGO. ❧❧ C'est là une des curiosités les plus remarquables que l'art de l'ingénieur moderne ait exécutées. Les souterrains de ce métropolitain ont été creusés, en effet, sans que les habitants en fussent prévenus et même sans qu'ils s'en aperçussent. Un beau jour, les propriétaires d'immeubles virent s'arrêter, devant l'entrée de leurs caves, des wagons leur apportant le charbon et enlevant leurs cendres, sans que personne les eût avisés de l'inauguration de ce nouveau service.

70 kilomètres de voies souterraines furent ainsi construites pour desservir les vingt-cinq ou trente gares de la ville la plus américaine de toute l'Amérique et les quartiers les plus commerçants.

Toutes les gares sont reliées entre elles par une voie principale circulaire, de laquelle partent des voies secondaires parcourant la ville. Les premières ont 3 m. 80 de hauteur et 3 m. 40 de largeur et les secondes 1 m. 80 de largeur et 2 m. 30 de hauteur. Toutes ces galeries, facilement creusées à 8 mètres au-dessous du sol dans une argile compacte, sont entourées de béton armé. Les galeries principales comportent deux voies et les galeries secondaires sont à voie unique. De petites locomotives électriques de 75 à 80 chevaux tirent les trains constitués par des wagons d'un seul type, transformable selon la nature des marchandises à transporter. Chacun d'eux peut porter 13 tonnes.

LES AUTRES MÉTROPOLITAINS. — Toutes les grandes villes : Berlin, Londres, Madrid, Vienne, Philadelphie, etc., possèdent des réseaux métropolitains dont la construction a inspiré celle du Métropolitain de Paris ou s'en est inspirée selon les cas. Mais le plus souvent, à Londres, par exemple, les tunnels sont tous tubulaires, le procédé de construction par le bouclier étant le plus avantageux à tous les points de vue. Il ne nous paraît donc pas nécessaire d'étudier ces métropolitains, ce que nous avons dit dans les quelques pages qui précèdent étant suffisant pour définir la technique générale de ces travaux.

CHAPITRE VIII

LES CONSTRUCTIONS GEANTES

Généralités. || *La Tour Eiffel.* || *Les gratte-ciel de New York.* || *Les hangars du port aérien de Villeneuve-Orly.* || *Les cheminées d'usines.* || *La station de télégraphie sans fil de Sainte-Assise.* || *Le phare du Fastenet.* || *La statue de la Liberté.*

GÉNÉRALITÉS. ❧ ❧ Dans ce dernier chapitre, nous étudierons quelques-unes de ces constructions gigantesques qui étonnent par leurs dimensions. Les ingénieurs américains ont acquis, dans le genre, une réputation méritée ; cependant leurs confrères du vieux monde sont capables d'autant de hardiesse, et si New York s'enorgueillit de ses impressionnants *gratte-ciel*, il ne faut pas oublier que la Tour Eiffel, construite en 1889, détient toujours et pour longtemps encore le record de la construction métallique. C'est d'elle que nous allons parler tout d'abord, car elle mérite la première place dans les applications industrielles de la science.

LA TOUR EIFFEL. ❧ ❧ L'avant-projet de la construction fut établi par MM. Émile Nouguier et Maurice Kœchlin, ingénieurs, assistés de M. Sauvestre, architecte. Le projet définitif, présenté par M. Eiffel, fut adopté par la commission de contrôle des Finances, qui lui accorda une concession de vingt années à partir du 1er janvier 1890. L'exécution en fut confiée aux auteurs de l'avant-projet assistés de MM. Martin pour les fondations, Compagnon pour le montage et A. Salles pour la partie mécanique, sous la haute direction de M. Eiffel.

Les quatre piliers de la Tour occupent exactement les quatre points cardinaux. Si on regarde la construction depuis le Trocadéro, l'orientation est facile : la pile de gauche, près de la Seine, occupe le Nord ; derrière elle se trouve la pile Est ; à droite, près de la Seine, est la pile Ouest, derrière laquelle se trouve la pile Sud.

Chaque pilier est constitué par quatre massifs dont les arêtes correspondent à celles de la partie métallique et sont inclinées comme elles. Ces massifs construits en maçonnerie de ciment avec de la pierre de Château-Landon, reposent, pour les piliers Sud et Est, sur une couche de béton de 2 mètres d'épaisseur coulée elle-même sur une couche de sable et de gravier. Ceux des piliers Nord et Ouest sont fondés sur des caissons en tôle de 15 mètres de longueur sur 6 mètres de largeur descendus à l'air comprimé jusqu'à 5 mètres au-dessous du niveau de la Seine. Ces fondations s'arrêtent à la hauteur du sol ; les rochers que l'on aperçoit à l'origine des piliers ne sont donc que des décors ayant permis l'aménagement pittoresque de ces bases dans lesquelles disparaît le métal. Enfin, dans le pilier Sud, a été réservé l'emplacement d'une usine pour l'installation des machines. Il est entré, dans ces fondations, 12 000 mètres cubes de maçonnerie et, dans la construction de la Tour, 7 millions de kilogrammes de métal.

Chaque pile est constituée par quatre montants solidement entretoisés ; des treillis donnent à l'ensemble l'aspect d'une dentelle d'acier. 15 000 pièces différentes, assemblées par 2 500 000 rivets posés à la main, composent la Tour ; quarante dessinateurs et calculateurs ont travaillé pendant deux ans aux études de ces pièces, qui ont couvert cinq mille feuilles de dessin d'atelier de 1 mètre de largeur sur 0 m. 80 de hauteur.

Les quatre piliers partant de la base sont reliés, à 55 mètres au-dessus du sol, par des poutres de 7 m. 50 de hauteur qui assurent la rigidité absolue de l'édifice. Sous ces poutres sont fixés de grands arcs, et au-dessus un encorbellement soutient les galeries du premier étage formant promenoir, décorées, extérieurement, de loggias à arcades du plus gracieux effet. Ajoutons que les piles sont placées à 103 m. 90, d'axe en axe, l'une de l'autre ; la surface couverte est de plus d'un hectare.

Des escaliers et des ascenseurs permettent de monter au premier et au deuxième étage ; à partir du deuxième, un seul ascenseur conduit au sommet. Les voyageurs changent de cabine à un étage intermédiaire, sorte de plate-forme établie entre le deuxième et le troisième étage.

Le premier étage est à 57 m. 63 au-dessus du sol ; le deuxième, à 115 m. 73 ; la plate-forme intermédiaire, à 195 m. 95 ; le troisième étage, à 276 m. 13 ; la terrasse supérieure, à 278 m. 71 et la plate-forme du sommet à 300 m. 65. Il y a 347 marches d'escalier pour atteindre le premier étage, 674 pour le deuxième. Un escalier hélicoïdal, réservé au service, conduit au sommet.

Deux grands ascenseurs hydrauliques à deux cabines ont été installés dans les piliers Est et Ouest ; ils peuvent élever chacun 1 000 personnes à l'heure jusqu'au deuxième étage. Dans le pilier Nord, un petit ascenseur électrique peut monter 30 personnes au deuxième étage à chaque voyage ; il effectue six voyages à l'heure. Entre le deuxième et le troisième étage, circule un ascenseur Edoux constitué par deux cabines, dont l'une sert de contrepoids à l'autre avec arrêt à la plate-forme intermédiaire. Quand l'une des cabines monte, l'autre descend, et *vice versa*. A 276 mètres de hauteur, un réservoir assure le fonctionnement des pistons hydrauliques qui actionnent la cabine supérieure. Chacune de ces cabines peut recevoir soixante-sept personnes et monter sept cent cinquante visiteurs à l'heure. La durée du parcours total, de la deuxième plate-forme au sommet, est de sept minutes seulement.

La Tour Eiffel est restée l'attraction la plus goûtée de tous les étrangers qui viennent à Paris. Elle joue en même temps un rôle scientifique de tout premier ordre, à la fois comme observatoire météorologique et comme support d'antenne de la station de télégraphie sans fil du Champ de Mars.

La construction était à peine terminée, en effet, que

LA TOUR EIFFEL EN CONSTRUCTION

LES GRATTE-CIEL DE NEW-YORK

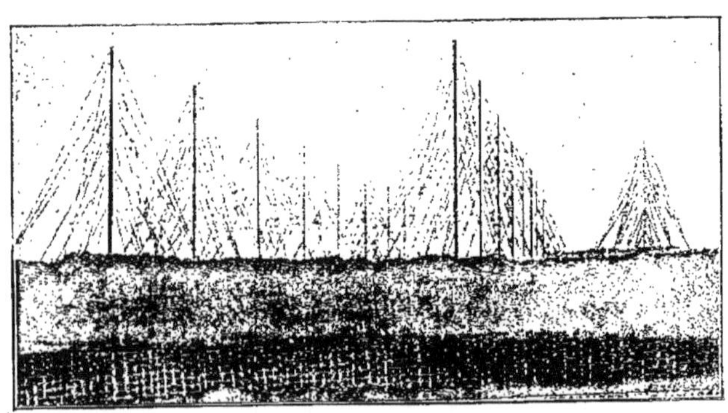

VUE GÉNÉRALE DES PYLONES DE LA STATION DE T. S. F. DE SAINTE-ASSISE.

AMARRAGE D'UN HAUBAN SUR SON MASSIF DE BÉTON

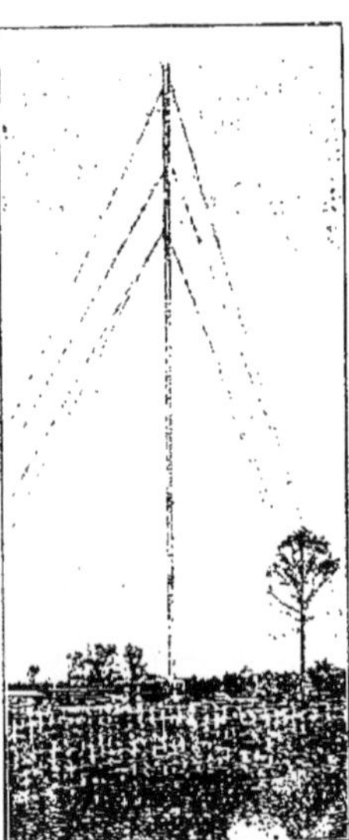

PYLONE DE 250 MÈTRES ACHEVÉ

M. Mascart, alors directeur du Bureau central météorologique, faisait installer à son sommet des instruments de mesure transmettant directement par fil leurs indications au Bureau central météorologique. Ces observations, relevées d'heure en heure, sont relatives à la vitesse et à la direction du vent, à la température, à la pression atmosphérique, à l'état hygrométrique de l'air, etc. Des savants comme M. Chauveau, M. Cailletet, M. Colardeau, l'astronome J. Janssen, M. A. Cornu, le Dr A. Henocque, etc., se sont également servis de la Tour Eiffel pour diverses études scientifiques personnelles.

Enfin c'est encore grâce à elle que la puissante station de T. S. F. du Champ de Mars a pu être édifiée, M. Eiffel ayant mis lui-même gracieusement la Tour à la disposition du général Ferrié, alors capitaine, pour l'utiliser comme support d'antenne. Ce bienfait ne fut pas perdu, car à ce moment même la démolition de ce chef-d'œuvre de l'art de l'ingénieur était presque décidée pour donner satisfaction à quelques artistes (!) qui l'accusaient de *déshonorer Paris* ! Et les protestations de M. Eiffel fussent peut-être restées sans écho si la télégraphie sans fil n'était venue apporter l'argument décisif qui décida de la conservation de la Tour.

LES GRATTE-CIEL DE NEW YORK. On donne ce nom — en anglais *sky-scrapers* — à des maisons immenses en hauteur, que justifie le prix élevé des terrains, à New York particulièrement.

Le plus important de tous les gratte-ciel américains est le *Woolworth Building*, construit en 1912 par M. Woolworth, qui avait réalisé une immense fortune en organisant dans toutes les villes des États-Unis des bazars où tous les articles étaient vendus 25 et 50 centimes. Son immeuble lui a coûté la bagatelle de 14 millions de dollars.

Voici une petite statistique qui éclaircira nos idées sur ces constructions ultramodernes ; elle se rapporte aux trois plus importants *sky-scrapers* de New York.

	Singer Building.	Metropolitan Building.	Woolworth Building.
Hauteur	186 m. 50	213 m. 50	240 m. 50
Nombre d'étages	46	50	55
Poids total	75 000 t.	77 100 t.	93 440 t.
Surface totale des planchers	44 514 m²	101 168 m³	161 818 m³
Nombre de lampes électr.	14 500	30 000	80 000
Long. des tuyaux d'eau...	30 590 m.	20 930 m.	69 230 m.
Nombre d'ascenseurs.....	16	38	28
Course totale des ascens...	1 207 m.	2 415 m.	3 218 m.

Tous sont constitués par une ossature métallique avec revêtements en béton et en briques. Le dernier en date, celui de M. Woolworth, se distingue des précédents non seulement par sa hauteur, mais encore par la présence d'ornements gothiques, clochetons et contreforts postiches, qui contrastent singulièrement avec la masse. Celle-ci les absorbe en raison de la disproportion sans aucun profit architectural. Les gratte-ciel ne sont que d'énormes blocs de béton dont rien ne peut atténuer l'inélégance.

Le Woolworth est une masse de 30 étages servant de soubassement à une tour de 25 étages (fig. 118). Il occupe une superficie de 60 mètres sur 46 m. 35 entièrement couverte jusqu'au niveau du quatrième étage. A partir de cette hauteur, la masse prend la forme d'un U, les deux ailes étant séparées par une cour de 10 m. 65 de largeur et 29 m. 25 de longueur. Au trentième étage, les deux ailes s'arrêtent et la tour se forme pour s'élancer verticalement jusqu'au cinquantième étage. Les cinq derniers étages sont aménagés dans une pyramide de 32 mètres de hauteur entourée d'une galerie de base qui se trouve ainsi placée à 222 m. 50 au-dessus du sol.

Cette construction monumentale repose sur soixante et un caissons foncés à 35 mètres environ de profondeur au-dessous du niveau du sol ; sa hauteur totale, fondations comprises, est donc de 275 mètres. Afin de protéger les maisons voisines pendant les travaux d'excavation, on a foncé tout autour des palplanches en bois ou en acier à l'aide de sonnettes frappant cent cinquante coups à la minute. Les caissons, rectangulaires ou circulaires, sont disposés sur des rangées distantes de 3 à 9 mètres les unes des autres, et leur section varie de 3 à 25 mètres carrés ; ils ont servi à construire des piliers de 20 mètres de hauteur. Leur descente s'est effectuée d'après les procédés ordinaires, l'air comprimé étant envoyé dans une chambre de travail inférieure pendant que les ouvriers enlevaient les déblais.

La charpente de l'édifice, entièrement métallique, comporte des colonnes qui en forment l'élément principal et qui reposent sur les piliers de béton. Certains piliers supportent une seule colonne ; dans d'autres cas, une colonne unique est assise sur deux piliers voisins. La liaison entre les colonnes et les piliers est réalisée par l'intermédiaire de fers à I disposés de manière à répartir la charge uniformément sur les piliers.

Le poids total du bâtiment a été évalué à 250 000 tonnes et la charge des planchers calculée à raison de 365 kilogrammes par mètre carré jusqu'au vingtième étage ; elle diminue ensuite de 5 p. 100 pour descendre à 180 kilogrammes au minimum. Quant à l'action du vent s'exerçant sur la surface de la construction, elle serait égale à 145 kilogrammes par mètre carré.

Les colonnes ainsi que les poutres d'acier

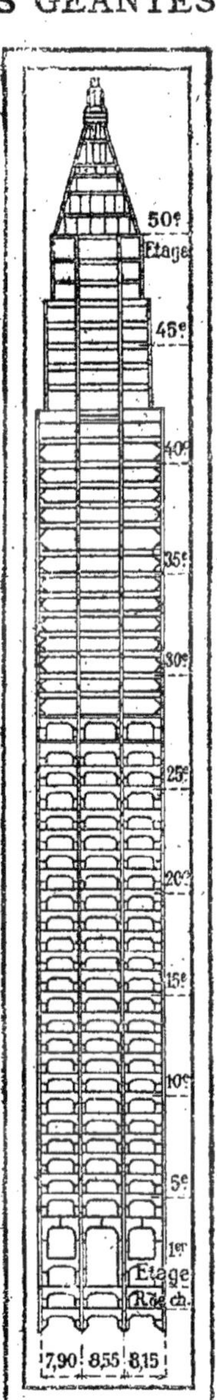

Fig. 118. — *Woolworth Building Élévation de la charpente de la tour depuis le rez-de-chaussée jusqu'au sommet.*

des murs sont revêtues de maçonnerie de granit jusqu'au cinquième étage et de briques au-dessus ; les surfaces inclinées sont garnies de feuilles de cuivre. Jusqu'au vingt-sixième étage, les planchers sont en béton armé ; au-dessus, ils ont été construits en briques.

Jusqu'au trentième étage, c'est-à-dire jusqu'à la plate-forme principale, la charpente fut montée en six mois par une équipe de 40 hommes, non compris les riveurs : les dix-sept étages suivants furent montés en moins de deux mois. Quatre-vingts hommes employant des riveuses pneumatiques posaient sept mille rivets par jour. 200 tonnes de rivets entrent dans cette construction. De puissantes grues et des derricks mus par des moteurs électriques de 80 chevaux mettaient les pièces en place.

Plusieurs des locaux de cet immeuble furent étudiés spécialement à la demande des futurs locataires : clubs, restaurants, banques, etc. Au sous-sol se trouve un salon de coiffeur, un restaurant capable de recevoir cinq cents personnes, une cave de coffres-forts dont les parois, de 0 m. 60 d'épaisseur, sont faites en béton armé avec des rails. On y trouve également une piscine et un établissement de bains turcs. Dix-huit magasins occupent le rez-de-chaussée et des bureaux de poste, de télégraphe et de téléphone sont aménagés aux étages. C'est avec raison que l'on a comparé ces immeubles à de véritables villes possédant toutes les ressources de la cité la mieux organisée.

Les vingt-huit ascenseurs sont groupés en plusieurs séries ayant respectivement des courses de 100, 161, 184 et 207 mètres ; les uns desservent les étages inférieurs, d'autres les étages supérieurs ; ensemble ils peuvent transporter sept mille personnes à l'heure. Les cabines sont pourvues du téléphone et de tous les dispositifs de sécurité usuels, y compris un amortisseur spécial en cas de chute, constitué par un puits dans lequel la cabine jouant le rôle de piston comprimerait l'air. Une expérience a été tentée avec ce dispositif : on a laissé tomber une cabine, lestée à 3 700 kilogrammes, depuis le quarante-huitième étage. La chute a duré sept secondes et la pression s'est élevée, dans le puits, à 1 kilogramme par centimètre carré.

L'eau est fournie à tous les étages à la pression normale de 1 kg. 500 par centimètre carré. D'abord filtrée, elle est ensuite pompée dans des réservoirs établis à différentes hauteurs qui assurent la distribution aux étages inférieurs. Des canalisations spéciales sont réservées aux installations de force motrice, aux postes de secours en cas d'incendie ainsi qu'à l'alimentation des toilettes et lavabos. Mille lavabos reçoivent de l'eau chaude à 79°.

Les fouilles ont nécessité l'enlèvement de 46 000 mètres cubes de déblais, la mise en œuvre de 3 kilomètres de palplanches en bois, 350 tonnes de palplanches métalliques ; 18 000 mètres cubes de béton entrent dans la maçonnerie, qui est armée avec 300 tonnes de fer ; les charpentes d'acier pèsent 25 000 tonnes ; on a utilisé 17 millions de briques, 16 000 tonnes de pierres de taille, 24 tonnes de bronze, 69 kilomètres de tuyaux de plomb, 140 kilomètres de câbles et fils pour l'éclairage électrique, 370 kilomètres de fils téléphoniques, trois mille portes et trois mille fenêtres. Six chaudières, d'une puissance totale de2 5 000 chevaux, fournissent la force motrice, et quatre dynamos assurent une production de 1 500 kilowatts. Quatre-vingt mille lampes électriques sont distribuées dans tout l'immeuble, dont la construction, commencée en 1910, a été complètement terminée le 1er avril 1913.

Le Woolworth Building détiendrait-il le record absolu des constructions de ce genre? L'ingénieur qui l'a élevé aurait émis l'opinion que l'on ne saurait dépasser 240 mètres de hauteur pour un immeuble sans modifier complètement le système de construction ; le prix de revient se trouverait alors si fortement augmenté que l'exploitation commerciale des étages en deviendrait désavantageuse.

LES HANGARS DU PORT AÉRIEN DE VILLENEUVE-ORLY. ⌀ ⌀ Destinés à recevoir des ballons dirigeables, ces deux hangars ne souffrent aucune comparaison avec toute construction similaire : ils sont uniques par leur forme et par leurs dimensions. Leur longueur est de 300 mètres, leur hauteur intérieure de 59 m. 30 et leur largeur à la base de 91 mètres.

Entièrement construits en ciment armé, ils sont formés d'une voûte d'une seule pièce, sans piédroits, dont l'aspect rappelle, de loin, celui d'une tôle ondulée ; techniquement parlant, la voûte est faite d'une succession de profils Zorès (voir fig. 119) d'une régularité absolue. Chaque hangar n'est donc autre chose qu'une immense voûte reposant directement sur des fondations.

Celles-ci sont représentées, de chaque côté, par une dalle en béton armé de 1 mètre d'épaisseur, 7 m. 85 de largeur et 300 mètres de longueur. Nous allons expliquer le plus simplement possible comment ont été construites ces voûtes par M. Limousin. Leur étude est due à M. l'ingénieur Freyssinet, ancien ingénieur des Ponts et Chaussées, auteur du procédé si original d'enlèvement du cintre appliqué à la construction du pont de Villeneuve-sur-Lot.

Sur chaque plate-forme longitudinale de fondation, foncée à 2 mètres de profondeur, on a commencé la construction de la voûte, sur 2 mètres de hauteur seulement, à l'aide de coffrages en planches qu'une grue mettait en place par panneaux ; les fers en attente sortant de cette première assise étaient destinés à l'amorçage de la deuxième phase de l'opération.

Lorsque furent terminés ces deux premiers murs parallèles épousant déjà la forme étrange de la voûte, on les surmonta d'un autre, constituant la seconde portion de la voûte, s'élevant cette fois à 17 mètres de hauteur. Le coffrage extérieur était encore fait de panneaux mobiles ; mais le coffrage intérieur fut construit, en bois, en une seule masse de la largeur d'un profil Zorès et de toute la hauteur du mur ; quand un profil était terminé, on démontait les panneaux du coffrage extérieur, mais le coffrage intérieur était simplement déplacé et conduit en face de l'élément suivant.

Ce déplacement ne pouvait s'opérer dans des conditions

normales, puisqu'il fallait d'abord dégager le coffrage de la portion de voûte construite, le porter ensuite vers l'avant et l'engager enfin dans l'élément Zorès suivant.

Dans ce dessein, le coffrage fut installé sur un échafaudage mobile sur deux rails perpendiculaires à l'axe du hangar, portés par une plate-forme en béton, PP (fig. 119). Il était donc facile d'opérer le dégagement du coffrage occupant la position Z de la figure, pour l'amener à la position pointillée, l'échafaudage étant passé lui-même de la position A à la position B. Il ne restait plus qu'à pousser la plate-forme P sur la voie ferrée RR établie le long de la voûte jusqu'à ce qu'elle fût en face de l'élément Zorès suivant et à engager le coffrage dans cet élément en faisant avancer l'échafaudage de B en A.

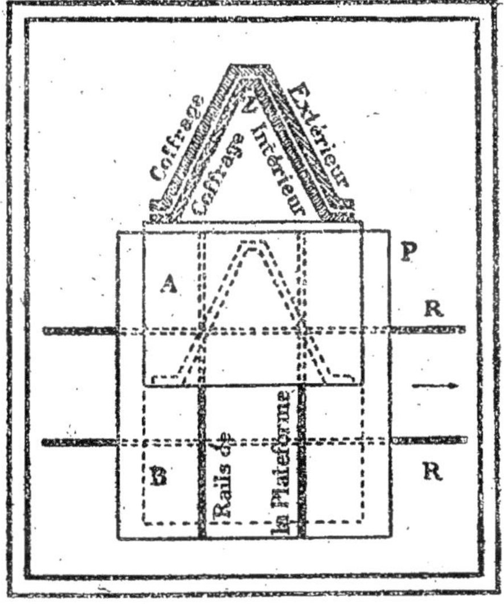

Fig. 119. — *Vue en plan de la plate-forme en ciment armé qui a servi à construire la voûte jusqu'à une hauteur de 17 mètres.*

La construction de la voûte, sur 17 mètres de hauteur, s'est ainsi poursuivie très régulièrement sur toute la longueur du hangar, des deux côtés à la fois.

Il restait à terminer la voûte, c'est-à-dire à relier les deux murs de 17 mètres. Le procédé employé ne manque ni d'élégance ni de hardiesse, car l'opération s'est faite d'un seul coup en hauteur, mais par étapes successives en largeur, représentées chacune par l'étendue d'un élément Zorès, soit 7 m. 50.

M. Freyssinet s'est contenté de modifier le procédé précédent en faisant supporter le coffrage intérieur par un cintre énorme en charpente, de la dimension intérieure de la voûte, que l'on abaissait pour dégager le coffrage de la partie rentrante et que l'on faisait ensuite avancer sur des rails, comme précédemment, pour l'amener au-dessous de l'élément suivant.

A cet effet, le cintre était supporté à chacune de ses extrémités (fig. 120) par un énorme ascenseur en béton armé pourvu, à sa base, d'un vérin hydraulique. Le piston des vérins ayant une course de 1 m. 85, on procédait à la levée par étapes successives. A la fin de la première étape, les pistons étant à fond de course, on immobilisait les cintres à la hauteur acquise par d'énormes madriers engagés dans la maçonnerie des ascenseurs, puis on ramenait les pistons en bas de leur course. Sur chacun d'eux on plaçait ensuite un madrier de 1 m. 85 de hauteur qui remplissait par conséquent l'espace vide entre le piston et la base du cintre, et on mettait en route, pour la seconde fois, les deux vérins dont les pistons se trouvaient en quelque sorte prolongés d'une quantité égale à leur hauteur propre.

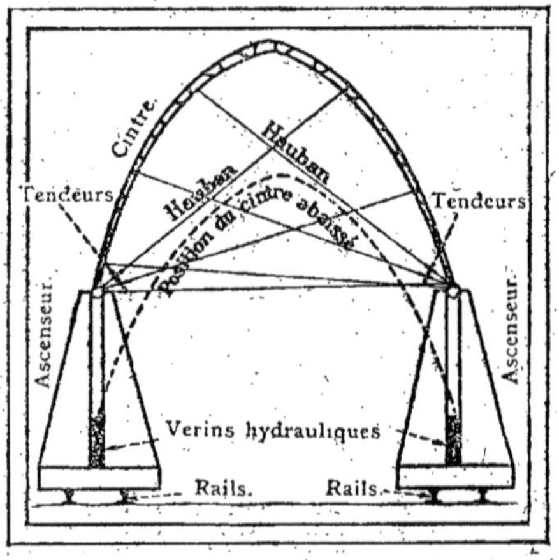

Fig. 120. — *Dessin schématique montrant le cintre porté par les ascenseurs et les vérins de manœuvre.*

Le cintre pouvait être de nouveau élevé de 1 m. 85 à la fin de la deuxième phase de l'opération. A ce moment, on répétait la manœuvre précédente en ajoutant un nouveau madrier de 1 m. 85 sur le premier, et ainsi de suite jusqu'à ce que le cintre eût atteint sa hauteur définitive. Pour le descendre, on usait du même procédé, mais pratiqué en sens inverse.

Le cintre, rendu ainsi mobile dans le sens vertical, l'était encore horizontalement, puisque les ascenseurs étaient montés chacun sur des rails ; il suffisait de les pousser. Enfin, pour placer le coffrage dans une position rigoureusement exacte sous l'élément Zorès à construire, on agissait sur des haubans s'entre-croisant à l'intérieur du cintre et fixés de part et d'autre de leur base. Des vérins à main permettaient encore d'exercer une action sur les plates-formes des ascenseurs pour compléter la mise au point.

Le coffrage intérieur étant en place, on utilisait quatre derricks montés sur des plates-formes latérales portées par le cintre lui-même pour monter les fers d'armature, le béton et mettre en place les panneaux du coffrage extérieur. Les coffrages étaient ensuite fortement entretoisés par des cales en ciment pour maintenir l'écartement voulu entre eux. Ces cales restaient incorporées dans la voûte.

Le mortier de ciment ne pouvant être pilonné dans un espace aussi étroit que celui délimité par les coffrages fut néanmoins tassé à l'aide de marteaux pneumatiques frappant sur la paroi du coffrage extérieur.

Ces deux énormes constructions sont éclairées chacune par 2 428 panneaux vitrés distribués sur les faces planes extérieures de chaque élément. A la partie supérieure de la voûte, de chaque côté de la ligne de faîte, sont aménagés des lanterneaux d'aération de 0 m. 50 de hauteur et de 10 mètres de longueur. Afin de permettre l'accès de toutes les parties de la surface des ballons, on a fixé, à l'intrados de la voûte, cinq rails de roulement qui pourront être utilisés pour l'aménagement de ponts mobiles et cinq passerelles de 1 mètre de largeur sur 2 mètres de hauteur, suspendus les uns et les autres aux éléments épais de la voûte et sur toute sa longueur.

Cette voûte n'est pas d'une épaisseur uniforme ; à la base, les parties planes ont 0 m. 345 et 0 m. 20 au sommet ;

les parties obliques ont seulement 0 m. 155 à la base et 0 m. 09 au faîte.

Enfin quatre escaliers, en ciment armé également, de 275 marches chacun, répartis symétriquement le long des parois internes de chaque hangar, sont logés dans des espaces creux formés par l'intervalle compris entre deux nervures du profil ; ils permettent d'accéder aux passerelles.

La construction de chaque hangar a nécessité l'enlèvement de 9 600 mètres cubes de terrassement. Il y entre 11 000 mètres cubes de ciment, 580 tonnes d'acier pour l'armature et 3 800 mètres carrés de verre armé pour les fenêtres.

LES CHEMINÉES D'USINES. ⌀ ⌀ On peut bien avouer que les cheminées d'usines sont des constructions étonnantes. Plantées dans le sol comme des cierges, elles s'élèvent toutes droites jusqu'à des hauteurs vertigineuses et tiennent solidement sur leur base par les vents les plus violents.

La cheminée définit l'usine. Plus elle est large et haute mieux elle permettra aux foyers dont elle assure le tirage de dévorer une grosse quantité de charbon, critérium certain de l'importance d'un établissement. Donc une cheminée doit être haute pour augmenter la dépression indispensable au tirage. Ensuite elle doit s'élever au-dessus des constructions voisines pour soustraire le foyer à l'action des remous aériens ; l'emplacement qu'elle occupe dans un paysage doit donc être méticuleusement déterminé. Enfin on lui demande encore de porter le plus haut possible dans l'atmosphère les fumées et gaz nocifs qu'elle véhicule et que les courants aériens entraîneront au loin en les diluant. C'est ainsi que, dans certaines usines de produits chimiques, il a fallu construire, depuis les foyers, des canalisations s'élevant jusqu'au sommet d'une colline avoisinante où une cheminée échappe dans l'air les résidus gazeux.

Le diamètre intérieur joue également un rôle très important, puisque, de lui, dépend le volume des gaz capables d'y circuler pendant l'unité de temps. La section est toujours calculée de telle sorte que un mètre carré corresponde à une consommation de charbon de 400 à 500 kilogrammes à l'heure.

Voilà pourquoi les cheminées d'usines sont larges et hautes.

L'épaisseur de la maçonnerie est déterminée uniquement par l'action du vent. Il faut, en effet, que par les plus violentes tempêtes cette maçonnerie n'éprouve aucun effort de traction, aussi toutes les cheminées ont-elles la forme conique que les techniciens appellent le *fruit*.

Les fondations sont toujours descendues jusqu'au terrain très résistant. Quant à la construction elle-même, elle ne présente aucune difficulté. On établit une plate-forme, qui sert de chantier, à l'intérieur même de la cheminée, et on l'élève en même temps que croît la hauteur. Sur cette plate-forme on monte un treuil pour l'alimentation du chantier. En même temps on installe à demeure une échelle de fer qui sert de voie d'accès aux ouvriers et sera ensuite utilisée pour la visite de la construction.

Actuellement, les cheminées d'usines sont généralement faites en ciment armé. Dans ce cas, les fondations se résument en une large semelle de béton qui assure une bonne stabilité à l'édifice. On assemble ensuite les coffrages intérieur et extérieur et, après avoir mis en place les fers annulaires et verticaux de l'armature, on y verse le béton que l'on pilonne fortement. Mais les coffrages, faits généralement en tôle, ne permettent qu'une construction rigoureusement cylindrique, comme celles de l'Ouest-Lumière, à Puteaux, qui ont 90 mètres de hauteur et laissent apparaître, extérieurement, les traces des manchons de coffrage. D'aspect plus frêle que les majestueuses cheminées en briques, elles sont cependant tout aussi résistantes.

Pour éviter la forme cylindrique à laquelle l'œil s'habitue mal, un ingénieur, M. Monnoyer, a imaginé de mouler sur place, avant le montage, de grandes briques en béton armé, sorte de *claveaux*, qui permettent de construire ces cheminées comme celles en briques. Ces claveaux ont 1 m. 35 de longueur et 0 m. 26 de hauteur ; leur épaisseur diminue au fur et à mesure que la cheminée s'élève. Chacun d'eux porte en son extrémité une tête saillante demi-cylindrique, évidée intérieurement pour lui donner la forme d'un vague crochet dans lequel s'engage l'extrémité du claveau voisin.

Ce dispositif donne aux cheminées Monnoyer l'aspect original d'un fruit à nervures verticales souvent entouré, à une certaine hauteur, d'un réservoir d'eau construit en même temps.

Une des plus hautes cheminées dont on parle fut construite il y a quelques années dans l'État de Montana, aux États-Unis. Elle mesure 106 mètres, et son diamètre intérieur est de 5 m. 40. Elle est formée, jusqu'à une certaine hauteur, de deux tubes de maçonnerie concentriques, laissant entre eux un espace annulaire de 10 centimètres d'épaisseur. Au-dessus de cette double enveloppe, la cheminée se continue comme dans les constructions ordinaires. L'enveloppe intérieure protège l'autre contre les effets de la chaleur, tandis que l'enveloppe extérieure protège la première contre tout refroidissement brusque de température. Ces tubes sont faits en béton de ciment armé.

On cite encore comme très haute cheminée, — peut-être la plus élevée du monde, — celle des usines américaines d'Anaconda, qui traitent les minerais de cuivre. Sa hauteur serait de 178 m. 30, son diamètre à la base de 22 m. 85 et au sommet de 18 m. 30. L'épaisseur de la paroi est de 2 mètres à la base et de 0 m. 60 au sommet. Elle peut évacuer 100 000 mètres cubes de gaz par minute.

Au Japon aurait été construite une cheminée presque aussi élevée pour les usines métallurgiques de Saganosaki. Sa hauteur serait de 167 m. 65 et son diamètre, au sommet, de 8 m. 40.

LA STATION DE TÉLÉGRAPHIE SANS FIL DE SAINTE-ASSISE. ❧ ❧ Nous ne parlerons ici que de l'antenne de cette station. Elle est la plus importante de toutes celles qui existent, et sa construction mérite de figurer en bonne place au nombre des grands travaux exécutés par les ingénieurs. La station continentale de Sainte-Assise ne comporte qu'un unique pylône de 250 mètres de hauteur ; mais la station transcontinentale est équipée avec une antenne faite de vingt fils de cuivre élevés à 250 mètres sur seize pylônes métalliques, c'est-à-dire à une hauteur presque égale à celle de la Tour Eiffel. Nous allons étudier tout particulièrement ce nouveau genre de construction métallique.

Ce sont des poutres en treillis à section carrée de 2 mètres de côté, reposant sur un massif en béton. Chacune d'elles est divisée en sept parties ou *blocages* dont la hauteur est égale à la distance comprise entre deux couronnes superposées de haubans. Chaque blocage se subdivise en travées de 8 mètres ; seule celle du sommet n'a que 3 m. 92. Une poutre comprend trois blocages de quatre travées et quatre de cinq travées ; la hauteur totale est donc exactement de 251 m. 92.

La travée est constituée par quatre membrures, faites chacune de deux cornières assemblées par des rivets, reliées entre elles par des entretoises.

Le pylône se termine à la base par quatre pièces de fer carrées assemblées aux membrures et enfouies à 0 m. 40 dans un socle de béton dont l'importance peut varier pour chaque pylône, puisqu'elle dépend de la résistance du sol.

Une échelle verticale intérieure avec paliers de repos tous les 25 mètres donne accès à une plate-forme de sommet élargie de part et d'autre par un encorbellement de 0 m. 60. Deux poulies constituent le mécanisme employé pour soulever ou abaisser le traversier portant l'antenne.

Ces pylônes sont haubannés pour leur permettre de résister aux efforts de traction de l'antenne et à l'action du vent. Les haubans sont des câbles d'acier terminés de part et d'autre par une boucle qui permet de les amarrer au pylône et aux massifs d'ancrage. Comme le montre la fig. 121, chaque pylône comporte sept couronnes de quatre haubans dont la longueur totale atteint 4 600 mètres par pylône, soit 74 kilomètres pour les seize pylônes de l'antenne. Les sept couronnes de haubans sont ancrées à douze massifs de béton, disposés suivant les diagonales du pylône à des distances respectives de 125, 90 et 45 mètres. On remarque, à l'examen de la figure, que deux couronnes de haubans sont ancrées à quatre massifs seulement; chacun de ces massifs sert donc de retenue à deux haubans.

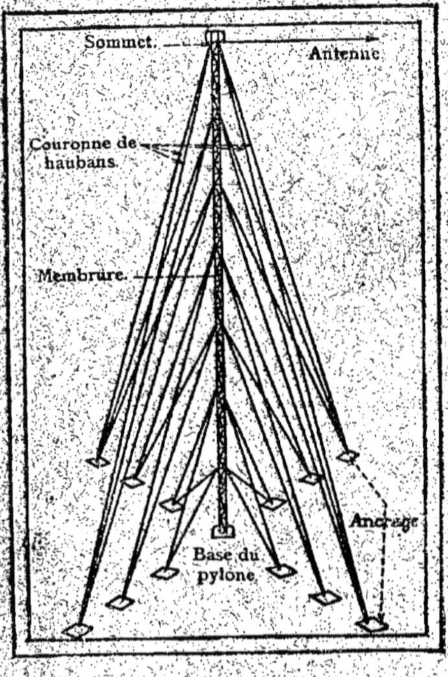

Fig. 121. — *Un pylône de 250 m. et ses haubans.*

Ce sont d'énormes monolithes en béton avec ferrures, dont l'une, le *sommier*, effleure le massif et reçoit le pied des tendeurs bien visible sur une de nos photographies. Les massifs d'ancrage les plus éloignés de la base du pylône (à 125 mètres) ont un volume de 34 m³ 6 ; les suivants 18 m³, 8 et les plus rapprochés 21 m³ 3. L'ensemble des massifs d'ancrage d'un seul pylône comporte donc plus de 300 mètres cubes de béton, soit pour les seize pylônes de la station transcontinentale 5 000 mètres cubes en chiffres ronds.

La mise en place des haubans s'effectue pendant le montage du pylône. Dès qu'un blocage est terminé, on le haubanne provisoirement avec du câble d'acier résistant à 5 tonnes à la rupture, puis on déroule les quatre haubans sur le sol entre le pylône et les massifs d'ancrage en prenant

CHEMINÉES DE
LA Cie OUEST-LUMIÈRE

CHEMINÉE EN CIMENT ARMÉ
DE LA Cie THOMSON-HOUSTON

AÉRO-PORT DE VILLENEUVE-ORLY
Les deux hangars au début des travaux.

LA STATUE DE LA LIBERTÉ A L'ENTRÉE DU PORT DE NEW-YORK

grand soin de ne pas les vriller. Après avoir mis en place les isolateurs de forme ovoïde qui sectionnent les haubans pour limiter les pertes électriques dans les parties métalliques, on fixe les palonniers aux extrémités (Voir la photographie) et les tendeurs sur les sommiers d'ancrage. Il ne reste plus qu'à hisser, à la moufle, l'extrémité libre du hauban à un gousset d'amarrage.

Lorsque les quatre haubans d'un blocage sont posés, on en règle la tension en agissant sur les tendeurs.

Les seize pylônes qui supportent l'antenne sont placés

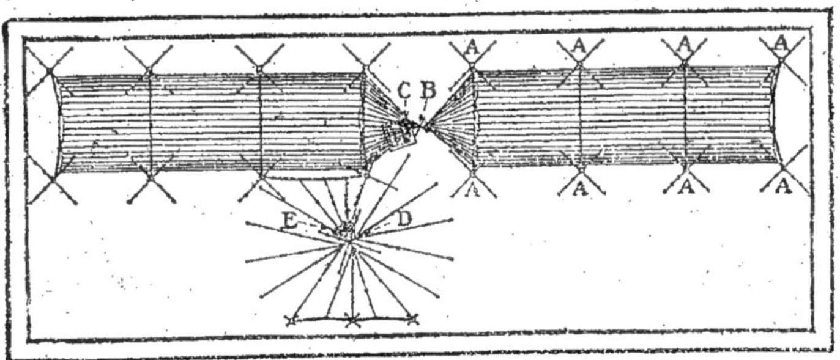

Fig. 122. — *Centre d'émission de Sainte-Assise.*

Station transcontinentale. — A. Pylône haubanné de 250 mètres. B. Pylône haubanné de 50 mètres pour retenue des descentes d'antenne. C. Bâtiment d'émission.

Station continentale. — D. Pylône haubanné de 250 mètres. E. Bâtiment d'émission.

sur deux rangées de huit, à 400 mètres de distance l'un de l'autre. Cette antenne est faite de deux nappes de vingt fils s'étendant chacune sur huit pylônes (fig. 122). Les fils les plus rapprochés des pylônes ont 7 millimètres de diamètre et en sont à une distance de 27 mètres. Les autres, de 4 mm. 7 de diamètre, sont situés à une distance croissante depuis les fils extérieurs jusqu'au milieu de la nappe, en augmentant de 2 mètres d'un fil à l'autre : 10, 12, 14, etc., jusqu'à 28 mètres. La longueur de chaque fil, descente comprise, est de 1 400 mètres pour chaque demi-antenne. Le total pour l'antenne complète est de 60 kilomètres,

Les fils sont maintenus par des traversiers en fil d'acier tendus transversalement entre deux pylônes opposés. Chacun de ces traversiers soutient en quatre points, par l'intermédiaire de chaînes d'isolateurs, un traversier secondaire, également en fil d'acier, sur lequel sont fixés les fils de l'antenne. Ceux-ci se trouvent donc parfaitement isolés de leurs supports.

Chacune des deux antennes se termine par une descente composée également de vingt fils se réunissant à la tête d'un petit pylône de 50 mètres de hauteur ; de là deux collecteurs d'antenne, un pour chacune d'elles, descendent à l'intérieur des postes correspondants.

Tous les sans filistes savent qu'une antenne est toujours accompagnée d'une prise de terre. Celle-ci est constituée, à Sainte-Assise, par un réseau de fils de cuivre de 1 mm. 5 de diamètre, enfouis dans le sol à une profondeur de 20 à 30 centimètres et disposés sous la nappe dans une direction perpendiculaire à celle des fils de l'antenne. Douze câbles aériens portés par les haubans des pylônes, par des poteaux, et, au voisinage de la station par quatre pylônes métalliques de 7 mètres de hauteur et par celui de descente des collecteurs d'antennes, répartissent le courant de terre aux différents points du réseau enterré.

LE PHARE DE FASTENET. ⌀ ⌀ Très intéressant par sa position et par sa construction, ce phare tire son nom du rocher du Fastenet, situé à la pointe Sud-Est de l'Irlande, sur lequel il s'élève.

Toute une partie de rocher a été démolie et remplacée par une maçonnerie en blocs de granit qui constitue le soubassement du phare et s'élève à 16 mètres de hauteur avec un diamètre de 20 mètres. Au-dessus de ce massif se dresse le phare, qui mesure 54 mètres de hauteur comptés jusqu'au niveau inférieur de la lanterne. Il est également maçonné en granit tiré des carrières de Cornwall, taillés dans la carrière même et assemblés sur place avant leur transport. Il est entré dans la construction de cette tour 2 074 blocs pesant 4300 tonnes.

Pour les amener à pied d'œuvre, il fallut construire un navire spécial qui, dans l'impossibilité d'aborder le rocher, s'en arrêtait à 40 mètres. Ce navire était pourvu d'une puissante grue qui soulevait les blocs jusqu'à une certaine hauteur pour les livrer à un transporteur aérien qui les déposait sur le rocher. Du chantier de construction une chèvre mobile dans tous les sens prenait ensuite chaque bloc et le déposait à l'emplacement qu'il devait occuper.

L'aménagement intérieur du phare ne laisse rien à désirer. On n'a eu garde d'oublier, en effet, que les trois gardiens qui l'habitent sont parfois sans relation avec la terre ferme pendant de longues semaines, les tempêtes rendant inabordable l'îlot. La provision d'eau douce est contenue dans une citerne de 13 000 litres établie dans la partie basse du phare.

La porte d'entrée est à 20 mètres au-dessus des plus hautes eaux : on y accède par des escaliers taillés dans le roc. A partir de cette porte, le phare se divise en six étages desservis par un escalier intérieur en spirale qui se termine à la lanterne. Les magasins de vivres, les réserves d'huile, sont contenus dans les quatre premiers étages, ainsi que le contrepoids du mécanisme qui actionne la lanterne. Les deux autres étages appartiennent aux gardiens.

La lanterne est enfermée dans une coupole métallique vitrée qui couronne l'édifice. La puissance totale des brûleurs est de 750 000 bougies et le feu est constitué par un éclat unique, d'une durée de un cinquième de seconde, paraissant toutes les cinq secondes.

La construction du phare du Fastenet a demandé quatre années de travail, durée imposée par les tempêtes qui suspendaient l'activité des chantiers ; elle a coûté 2 100 000 francs.

LA STATUE DE LA LIBERTÉ. ⌀ ⌀ Nous terminerons ce chapitre et en même temps notre petit livre en rappelant au souvenir de ceux qui l'auraient oubliée l'œuvre du sculpteur Bartholdi : *la Liberté éclairant le Monde*, qui s'élève à l'entrée du port de New York, symbolisant une amitié qui fut sincère et désintéressée.

La statue mesure 46 mètres de hauteur. M. Eiffel en calcula le squelette en fer et MM. Gaget et Gauthier exécutèrent l'enveloppe extérieure, entièrement faite en cuivre martelé.

Cette enveloppe comporte trois cents feuilles de cuivre, assemblées à l'aide de rivets ou par soudure, ayant de 1 à 3 mètres carrés de surface. Le poids total de ce métal est de 80 000 kilos. A l'intérieur l'armature métallique, de 120 000 kilos, assure la rigidité de l'enveloppe, qui peut cependant se dilater en tous sens, les plis du vêtement se prêtant au travail du métal et l'armature soutenant l'ensemble par l'intermédiaire de gaines qui laissent un certain jeu favorable à la dilatation. Le fer et le cuivre, nulle part en contact direct l'un avec l'autre, sont assemblés à l'aide d'isolants pour éviter les actions chimiques qui se produiraient sous l'action de l'air marin. Après avoir été montée à Paris, la statue fut démontée, transportée sur un navire et reconstituée ensuite à son emplacement définitif.

Une très abondante documentation nous était nécessaire pour la rédaction de cet ouvrage. Nous avons puisé dans l'*Histoire de l'Art dans l'Antiquité* de MM. Perrot et Chipiez et surtout dans *les Travaux publics, les Mines et la Métallurgie aux temps des Romains* de M. A. Léger, la plupart des renseignements contenus dans notre partie historique.

L'*Atlas Croizette-Desnoyers*, l'ouvrage de M. F. Bonnet, ingénieur en chef des Ponts et Chaussées, sur les *Barrages*, les cours de l'École spéciale des Travaux publics, la bibliothèque de l'École des Ponts et Chaussées, nous ont été d'un très grand secours pour tout ce qui concerne les études théoriques, le rappel des ouvrages courants. Mais nous avons dû faire appel aux grandes revues : *Science et Vie*, *Cosmos*, *Nature* et surtout à *Engineer* et au *Génie Civil* pour l'étude des ouvrages modernes les plus importants. Le meilleur accueil nous a été également réservé aux Entreprises Limousin et Cie et L. Chagnaud.

Nous pensons acquitter ainsi une dette de reconnaissance contractée envers tous.

TABLE DES GRAVURES

LES GRANDS TRAVAUX

TABLE DES GRAVURES

LES GRANDS TRAVAUX

TABLE DES MATIÈRES

LES GRANDS TRAVAUX

IMPRIMERIE CRÉTÉ
CORBEIL (S.-ET-O.).

www.ingramcontent.com/pod-product-compliance
Ingram Content Group UK Ltd.
Pitfield, Milton Keynes, MK11 3LW, UK
UKHW020137220726
13923UKWH00001B/208

9 782329 090269